JEAN-PAUL II

LA MISSION DU CHRIST RÉDEMPTEUR

Introduction préliminaire de Claude Geffré, o.p.

LES ÉDITIONS DU CERF
29, boulevard Latour-Maubourg
75007 PARIS
1991

ISBN 2-204-04325-7
ISNN 0983-9062

INTRODUCTION PRÉLIMINAIRE

On ne prend guère de risques en affirmant que l'encyclique Redemptoris missio, *qui célèbre le vingt-cinquième anniversaire de la publication du Décret* Ad gentes *du concile sur l'activité missionnaire de l'Église, demeurera un des grands textes du Pontificat de Jean-Paul II. Cette passion pour la mission de l'Église dans un monde à l'échelle planétaire fut sa hantise dès le premier jour de son élection. Et ce pape qui a voyagé dans toutes les parties du monde comme aucun autre avant lui a toujours eu une conscience très vive de sa responsabilité, comme vicaire de Pierre, pour confirmer dans la foi et dans leur ministère d'évangélisation ses frères dans l'épiscopat. Il reprend volontiers dans son encyclique les propos qu'il tenait déjà en 1980 dans une allocution aux cardinaux : « J'ai entrepris de parcourir les chemins du monde, "pour annoncer l'Évangile", pour "confirmer mes frères" dans la foi, pour consoler l'Église, pour rencontrer l'homme. Ce sont des voyages de foi... Ce sont des occasions de catéchèse itinérante, d'annonce évangélique dans le prolongement, à toutes les latitudes, de l'Évangile et du magistère apostolique, étendus aux sphères planétaires d'aujourd'hui » (n. 63).*

Optimisme, lucidité, souci d'intégration

*S'il fallait résumer une première impression au terme de la lecture de ce texte copieux de plus de 150 pages ce sont les mots d'*optimisme, *de* lucidité *et d'*intégration *qui viennent à l'esprit.* Optimisme, *oui... Mais c'est l'optimisme et même l'enthousiasme de la foi (n. 11) et à son tour la mission renouvelle la foi de toute l'Église : « la foi s'affermit lorsqu'on la donne ! » (n. 2). Le pape se réclame avec complaisance de la* parrhesia *de saint Paul (1 Th 2, 2), c'est-à-dire la capacité de parler avec hardiesse et courage (cf. n. 24 et 45). En dépit de bien des signes* contraires qui pourraient conduire au découragement, cet « enthousiasme de la foi » permet de discerner à l'orée du 3e millénaire de la Rédemption « un grand printemps que l'on voit déjà poindre », un « nouvel Avent missionnaire » (n. 86). En effet, celui qui sait lire les signes des temps découvre aussi bien dans le monde non chrétien que dans le monde des chrétientés anciennes, une nouvelle actualité des idéaux et des valeurs évangéliques, ne serait-ce que parce que l'excès de la violence sous toutes ses formes conduit l'humanité à une sorte d'impasse.

Mais en même temps, ce texte qui est soulevé de bout en bout par un grand souffle missionnaire témoigne d'une grande lucidité quant à la situation faite au christianisme et plus précisément à l'Église catholique dans le monde d'aujourd'hui. C'est le constat réaliste d'un missionnaire itinérant qui a pris connaissance du terrain dans les cinq continents. « Le nombre de ceux qui ignorent le Christ et ne font pas partie de l'Église augmente continuellement, et même il a presque doublé depuis la fin du concile » (n. 3). Jean-Paul II n'ignore rien de la nouvelle vitalité de l'islam et du bouddhisme dans ces immenses continents de l'Afrique et de l'Asie. Et il constate qu'en cette fin du deuxième millénaire, « il devient toujours plus évident que les nations qui n'ont pas encore reçu la première annonce du Christ constituent la majeure partie de l'humanité » (n. 40). Il ne sous-estime pas par ailleurs la menace grandissante que constitue pour l'Église catholique comme pour les Églises chrétiennes officielles le succès des sectes et des Églises fondamentalistes, surtout dans le continent sud-américain (cf. n. 50). Enfin, il faut bien reconnaître que la mission de l'Église connaît une crise à la fin de ce que l'on a appelé « l'ère missionnaire ». Est-ce que les « ouvertures » du concile, ce que justement Mgr Lefebvre à la veille de basculer dans le schisme appelait « l'esprit de Vatican II et d'Assise », n'ont pas conduit à un attiédissement du zèle missionnaire, comme si la nouvelle attitude de respect à l'égard des religions non chrétiennes et l'affirmation solennelle du droit à la liberté religieuse avaient diminué l'urgence de la mission rapidement identifiée à un prosélytisme dépassé. Ce danger est si peu illusoire qu'un des objectifs majeurs de cette nouvelle encyclique dans sa partie doctrinale est d'affirmer avec force que les acquis de Vatican II ne compromettent en rien le devoir permanent de la mission confiée par le Christ à son Église.

II

L'esprit dominant qui inspire la rédaction de ce long texte, c'est un esprit d'intégration. Je veux dire que la pensée du pape se veut intégrante de points de vue qu'un jugement trop pressé pourrait volontiers opposer. C'est particulièrement manifeste lorsqu'il s'agit de concilier la mission universelle de toute l'Église et l'activité spécifiquement missionnaire ou mission Ad gentes, l'urgence du témoignage explicite rendu à Jésus Christ et le respect de la liberté de tout homme, le devoir permanent de la mission et la volonté de dialoguer avec les membres des autres religions, la mission comme appel à la conversion et l'engagement de l'Église au service de la promotion de l'homme et de l'édification d'une paix mondiale, la mission spécifique des prêtres et des membres des Instituts missionnaires et la mission de tous les laïcs... Cette pensée consensuelle n'est pas une sorte de compromis provisoire. C'est plutôt la recherche d'une synthèse créatrice entre l'ancien et le nouveau vingt-cinq ans après le concile. En ce sens, l'encyclique a une valeur exemplaire en tant que modèle officiel de réception du concile.

À défaut de pouvoir résumer un texte qui se veut exhaustif quant à ce qui touche de près ou de loin à la mission de l'Église, je voudrais m'attacher à quelques points particulièrement significatifs qui concernent la théologie de la mission, l'activité spécifiquement missionnaire de l'Église, les nouveaux espaces de la mission.

Une théologie renouvelée de la mission

En continuité avec l'enseignement de Vatican II, l'encyclique insiste sur le fondement trinitaire et christologique de la mission. L'Église est missionnaire par sa nature même et pas seulement à cause du précepte du Seigneur. Et la raison fondamentale de la mission, c'est la révélation définitive que Dieu a fait de lui-même en Jésus Christ. « Elle ne peut pas ne pas proclamer l'Évangile, c'est-à-dire la plénitude de la vérité que Dieu nous a fait connaître sur lui-même » (n. 5). Un trait remarquable de cette théologie renouvelée de la mission, c'est le lien étroit entre la révélation de la Bonne Nouvelle de l'amour de Dieu pour tous les hommes et l'urgence de la mission. « L'Église ne peut se dispenser de proclamer que Jésus est venu révéler le visage de Dieu et mériter, par la croix et la Résurrection, le salut pour tous les hommes » (n. 11). La nouveauté de la vie en lui est la Bonne Nouvelle pour l'homme de tous les temps... (ibid.). Il est rappelé avec force que le

Christ est l'unique médiateur entre Dieu et les hommes « en lui seulement, nous sommes libérés de toute aliénation et de tout égarement, de la soumission au pouvoir du péché et de la mort » (ibid.). *Mais on dépasse la problématique ancienne de la fin et des moyens, comme si l'unique fin de la mission était de libérer les hommes de la mort éternelle et comme si l'Église de la terre était le moyen* exclusif *pour atteindre cette fin surnaturelle. Beaucoup d'hommes en effet peuvent faire leur salut en dehors des frontières de l'Église visible, même si c'est toujours sous l'action de l'Esprit du Christ. L'encyclique témoigne d'une autre inspiration que les théologies crispées sur l'appartenance à l'Église comme unique* moyen *d'échapper à la damnation éternelle. « À la question* pourquoi la mission, *nous répondons, grâce à la foi et à l'expérience de l'Église, que la véritable libération, c'est de s'ouvrir à l'amour du Christ »* (ibid.).

Redemptoris missio *rappelle donc avec solennité l'unique médiation du Christ. Et sans jamais désigner explicitement un courant théologique précis, elle veut en même temps répondre aux interrogations, difficultés et même déviances de la théologie missionnaire née dans le sillage du dernier concile.*

*Le premier danger, c'est celui de l'*indifférentisme *engendré par la conviction que toutes les religions se valent puisque chacun peut faire son salut dans sa religion. Toute la stratégie intellectuelle de l'encyclique est de tenir ensemble ces deux vérités, « à savoir la possibilité réelle du salut dans le Christ pour tous les hommes et la nécessité de l'Église pour le salut » (n. 9). Il est vrai que le salut est offert à tous les hommes et pas seulement à ceux qui croient au Christ et qui sont entrés dans l'Église. Mais cela ne nous dispense pas de continuer à annoncer le Christ comme unique Médiateur et l'Église comme « sacrement du salut ». En effet la grâce qui permet à chacun de parvenir au salut avec sa libre coopération vient du Christ et a une « relation mystérieuse » avec l'Église (cf. n. 10).*

L'autre danger serait celui d'une certaine démission quant à l'engagement missionnaire par crainte de tomber dans un prosélytisme *intolérant qui ne respecterait pas la liberté des consciences. En référence à la Déclaration de Vatican II sur la Liberté religieuse, l'essentiel de la réponse consiste à dire que l'annonce de Jésus Christ ne viole en rien la liberté de l'homme puisque la foi exige une libre adhésion (n. 8).*

« L'Église propose, elle n'impose rien »... « Elle respecte les personnes et les cultures, et elle s'arrête devant l'autel de la conscience » (n. 39). Certes ! Mais il est tout de même permis de s'étonner que nulle part dans l'encyclique il ne soit fait mention, dans un esprit de repentance, des pages sombres de l'histoire des missions durant lesquelles ce splendide idéal fut tout simplement bafoué.

La nouvelle attitude de respect et d'estime à l'égard des religions non chrétiennes préconisée par le concile (cf. la Déclaration Nostra aetate*) n'a-t-elle pas conduit certains missionnaires et certains théologiens à remplacer la mission par le dialogue interreligieux ? C'est un souci majeur du pape dans cette encyclique de rappeler que « le dialogue ne dispense pas de l'évangélisation » (n. 55). Il faut affirmer que non seulement le dialogue interreligieux ne s'oppose pas à la mission* ad gentes, *mais « il lui est spécialement lié et il en est une expression »* (ibid.). *En continuité avec son enseignement à l'occasion de la Rencontre d'Assise, Jean-Paul II s'efforce de tenir ensemble dans une large vision à l'échelle de toute l'histoire, d'une part la certitude qu'il y a des éléments de vérité et de sainteté dans les grandes traditions religieuses de l'humanité (elles sont comme un reflet de la vérité qui éclaire tout homme en ce monde) et d'autre part, la conviction que l'Église est* la voie ordinaire du salut *et qu'elle seule possède la plénitude des moyens de salut. Il reprend volontiers les termes mûrement pesés de sa lettre récente aux évêques d'Asie (23 juin 1990) : « Bien que l'Église reconnaisse volontiers ce qui est vrai et saint dans les traditions religieuses du bouddhisme et l'hindouisme et de l'islam, comme un reflet de la vérité qui éclaire tous les hommes, cela ne diminue pas son devoir et sa détermination de proclamer sans hésitation Jésus Christ qui est "la Voie, la Vérité et la Vie"... Le fait que les adeptes d'autres religions puissent recevoir la grâce de Dieu et être sauvés par le Christ en dehors des moyens ordinaires qu'il a institués n'annule donc pas l'appel à la foi et au baptême que Dieu veut pour tous les peuples » (n. 55).*

Conformément au réalisme de l'incarnation, l'encyclique oppose aussi un non décidé à toute tentative d'introduire une séparation entre le Verbe et Jésus Christ ou encore entre le « Jésus de l'histoire » et le « Christ de la foi ». C'est en tant même qu'il Il est Jésus de Nazareth, celui qui a réconcilié tous les êtres par le sang de sa croix que le Christ a une portée absolue et universelle, qu'il est le centre et la fin de l'histoire (n. 6). L'encyclique prend donc en compte le « défi positif » des autres religions (cf. n. 56). Et le très beau chapitre III sur l'Esprit demande qu'on ne sépare pas l'action particulière de l'Esprit dans le corps du Christ qui est l'Église et une action universelle dans le cœur des hommes et dans l'histoire des peuples, dans les cultures et les religions... (n. 29). Mais en même temps, Redemptoris missio *confirme le jugement sévère du cardinal Tomko, préfet de la Congrégation pour l'évangélisation des peuples à l'endroit de certains théologiens surtout originaires d'Asie qui pratiquent une sorte de révolution copernicienne et veulent substituer un simple* théocentrisme *à un christocentrisme jugé trop impérialiste eu égard aux religions du monde.*

Enfin, un des objectifs explicites de l'encyclique est de réagir contre des conceptions « anthropocentriques » du salut et de la mission qui réduisent le salut à la libération des aliénations dont l'homme est victime ou même des conceptions « régnocentriques » qui veulent en priorité promouvoir les « valeurs du Royaume », telles que la paix, la justice, la liberté, la fraternité, mais font le silence sur le Christ et sur l'Église (n. 17). On reconnaît là une mise en garde contre les déviations de certaines théologies de la libération et on décèle à l'évidence dans toute l'encyclique une certaine hantise de tout ce qui ressemblerait à ce que le Pape désigne comme « une sécularisation progressive du salut ». Il s'agit de promouvoir le salut intégral de l'homme, et pour ce faire, ne pas dissocier ou opposer la mission première d'évangélisation et l'engagement de l'Église pour la justice et la paix. La globalité de la mission, dans sa dimension spirituelle et dans sa dimension sociale, est affirmée à plusieurs reprises tout au long de l'encyclique. Il n'empêche que l'engagement pour la paix, la justice, les droits de l'homme, la promotion de la personne humaine sont plutôt considérés comme une exigence du témoignage évangélique (cf. n. 42). Toutes ces tâches n'apparaissent pas théologiquement comme l'exigence même du salut chrétien en tant qu'anticipation du Royaume de Dieu dans le tissu même de l'histoire. À cet égard, certains commentateurs seront tentés de constater un certain retrait par rapport au grand texte Evangelii Nuntiandi *de Paul VI qui cherchait à fonder théologiquement le rapport nécessaire entre l'évangélisation et le service de l'homme à l'intérieur de l'unique mission de l'Église.*

La mission ad gentes *ou la mission spécifique de l'Église*

Les futurs commentateurs ne manqueront sans doute pas de faire observer le rééquilibrage *opéré par* Redemptoris missio *à l'égard de la théologie missionnaire qui s'exprimait le plus volontiers durant l'après-concile. Cette théologie, qui réfléchissait sur les lieux et les formes de la mission à la fin de l'« âge des missions », prenait ses distances vis-à-vis de la théologie dite de la* plantation *de l'Église et puisque toute l'Église était « en état de mission », elle cherchait à « rapatrier » les missions de l'Église à l'intérieur de l'unique mission de l'Église. L'idée même de « territoires de mission » correspondait à une situation mondiale où beaucoup de peuples dits colonisés n'avaient pas encore accédé à l'indépendance et à une situation ecclésiale où l'on pouvait distinguer des Églises-mères et des Églises-filles. Aujourd'hui, toutes les Églises sont des Églises-sœurs et les Églises locales même récentes ont toutes la dignité d'une Église-sujet pleinement responsable de la mission universelle de l'Église conformément à l'ecclésiologie de communion de Vatican II.*

*Jean-Paul II n'ignore nullement ce changement de perspective. Il pense même qu'il présente des « aspects positifs ». Mais il craint que cette volonté de souligner l'unique mission qui incombe à tout le peuple de Dieu n'entraîne une moins grande urgence de l'*activité missionnaire spécifique *de l'Église. Il s'inquiète d'ailleurs de la défaveur actuelle des mots « missions » et « missionnaire ». C'est pourquoi tout en ne s'interdisant pas d'user du mot « évangélisation », il a une nette préférence pour l'expression « mission ad gentes », que les « païens » appartiennent aux terres de mission ou à des groupes humains des pays de tradition chrétienne qui n'ont pas encore été touchés par l'Évangile. Ainsi, la mission spécifique* ad gentes *garde encore toute sa valeur aujourd'hui. « Dire que toute l'Église est missionnaire n'exclut pas l'existence d'une mission spécifique* ad gentes : *de même dire que tous les catholiques doivent être missionnaires n'exclut pas, mais, au contraire, demande qu'il y ait des "missionnaires* ad gentes *et à vie" par une vocation spécifique » (n. 32).*

À l'intérieur de l'unique mission de l'Église, l'encyclique va donc distinguer trois situations missionnaires différentes, même si les frontières entre les trois ne sont pas parfaitement définissables. Il y a d'abord la mission spécifique ad gentes *auprès des peuples et des groupes humains qui ignorent encore le Christ et où il n'y a pas encore de communautés chrétiennes capables d'incarner la foi. Il y a ensuite la* charge pastorale *qui s'exerce auprès des communautés chrétiennes déjà fortes qui sont conscientes de leur responsabilité missionnaire. Et entre ces deux situations, il y a place pour une situation intermédiaire, celle de la* nouvelle évangélisation *ou de la* réévangélisation, *qui tente d'atteindre les hommes et les femmes des pays de vieille tradition chrétienne ou même d'Églises plus jeunes qui ont perdu le sens de la foi vivante (n. 33).*

Ainsi, malgré la rapidité des évolutions, la fluidité des situations, l'émergence de nouveaux espaces de mission qui ne se définissent plus en termes de territoire, le pape tient à maintenir la pertinence du critère géographique *qui bien souvent continue à désigner la priorité de la mission* ad gentes. *Le continent asiatique qui ne compte encore qu'un nombre infime de chrétiens demeure à cet égard la priorité des priorités (cf. n. 37).*

De même qu'il y a une mission spécifique ad gentes *et des terres qui sont encore proprement des « terres de mission », il y a un personnel spécialisé pour cette mission avec une vocation propre. Certes, toute l'Église est missionnaire par nature... Le pape et les évêques, à la fois comme membres du collège épiscopal et comme pasteurs des Églises particulières sont les premiers responsables de la mission universelle de l'Église. L'encyclique parle d'ailleurs avec grand éloge des Églises locales qui deviennent elles-mêmes missionnaires et qui commencent à envoyer des missionnaires aux vieilles Églises (cf. n. 64). Tous les prêtres, là où ils sont, partagent avec l'évêque la sollicitude de la mission. Et tous les laïcs, en vertu même de leur baptême, doivent témoigner par leur vie et leur parole de l'esprit de l'évangile et de l'amour du Christ. Il est fait, à ce propos, une mention spéciale du rôle irremplaçable des* catéchistes, *surtout dans les jeunes Églises, mais aussi dans les Églises de fondation ancienne où ils sont les agents précieux d'une nouvelle évangélisation (cf. n. 73).*

Mais au-delà de cette mobilisation de toute l'Église au service de la mission, Jean-Paul II tient beaucoup à sauvegarder et à encourager la « vocation missionnaire » comme une vocation spéciale *au sein de l'Église (cf. n. 65). C'est pourquoi, il adresse un appel pressant aux Instituts missionnaires dont la mission est le charisme propre. Alors que la conscience missionnaire connaît un certain trouble et que les vocations missionnaires diminuent – au moins dans le premier monde –, il convient de rappeler que les Instituts missionnaires « demeurent absolument nécessaires », non seulement pour l'activité missionnaire* ad gentes *selon leur tradition, mais aussi pour l'animation missionnaire tant dans les Églises de chrétienté ancienne que dans les jeunes Églises (n. 66). Le pape rappelle aussi l'urgence de la mission aux Ordres religieux, masculins et féminins et il adresse un mot spécial d'estime et de reconnaissance à toutes les religieuses qui sont souvent aux avant-postes de la mission* ad gentes *(n. 60). Enfin, il confirme et recommande chaleureusement la continuation de l'expérience des prêtres* fidei donum *qui favorise de façon privilégiée les liens de communion entre toutes les Églises (n. 68).*

Les nouveaux espaces de la mission

Les horizons de la mission de l'Église à la veille de l'an 2000 demeurent immenses du seul point de vue géographique. S'il est vrai que du fait d'un réseau de communication planétaire, la Bonne Nouvelle a été annoncée jusqu'aux « extrémités de la terre », il n'empêche que la croissance continue de la population mondiale surtout du Sud et de l'Est multiplie le nombre de ceux qui demeurent étrangers au christianisme. « De nouveaux peuples font leur entrée sur la scène mondiale et ils ont le droit, eux aussi de recevoir l'annonce du salut » (n. 40).

La conscience missionnaire de Jean-Paul II demeure donc attentive à l'importance des aires géographiques. Mais, en même temps, cette nouvelle encyclique sur la mission témoigne d'une connaissance très réaliste de la complexité du monde moderne et elle se garde bien de définir les « lieux » de la mission uniquement en termes de « territoires ». Le chapitre IV en particulier discerne de nouveaux espaces *humains, sociaux, culturels, politiques... qui peuvent être à la fois des obstacles et des chances pour la mission des chrétiens.*

Comment par exemple, les responsables de la mission pourraient-ils ignorer le phénomène des mégapoles *modernes où s'entassent souvent dans l'anonymat des millions de gens ? Sans doute doit-on continuer à exercer sa sollicitude auprès des « plus petits » d'entre les hommes qui vivent dans des régions isolées. Mais la mission* ad gentes *doit prendre très sérieusement en compte ces lieux privilégiés que sont les grandes* villes où apparaissent des mœurs nouvelles et de nouveaux modèles de vie, de nouvelles formes de culture et de communication... « L'avenir des jeunes nations est en train de se forger dans les villes » (n. 37). Et puisqu'on parle d'avenir, l'action auprès des jeunes qui, dans de nombreux pays, constituent déjà plus de la moitié de la population, doit être un objectif prioritaire de la mission de l'Église. Ne sont-ils pas les porteurs de l'avenir de continents entiers ? En fonction d'eux, « les moyens ordinaires de la pastorale ne suffisent plus » (ibid.). Il faut prendre des initiatives nouvelles et créer de nouveaux types d'association. C'est l'occasion pour le pape de mentionner ce qu'il appelle – sans plus d'explication – les Mouvements ecclésiaux modernes. Il est sans doute permis d'entendre par là les divers « mouvements charismatiques », les « mouvements évangéliques », mais encore aussi des mouvements politico-religieux tels que « Communion et libération ». Et il est important de noter qu'ailleurs (cf. n. 51) Jean-Paul II confère en quelque sorte ses lettres de créance officielles aux Communautés ecclésiales de base qui, en articulation avec les communautés paroissiales, sont un « instrument de formation et d'évangélisation ». Comme l'avait déjà souligné le Synode des évêques de 1985, elles sont « un signe de la vitalité de l'Église » et un « motif de grande espérance pour la vie de l'Église » (ibid.).

Parmi les phénomènes sociaux qui caractérisent notre époque « dramatique et fascinante » (n. 38), l'encyclique évoque avec gravité les millions et millions de réfugiés et les situations de pauvreté souvent intolérables qui représentent un défi permanent pour le témoignage évangélique de l'Église. Ailleurs, le pape a repris officiellement à son compte l'« attention préférentielle » pour les pauvres définie à la Conférence de Puebla (cf. n. 60). Et il tient à exprimer sa gratitude à tous les membres des communautés chrétiennes ainsi qu'à tous les volontaires des Organisations non gouvernementales (ONG) qui se dévouent sans compter en solidarité avec les pauvres.

Mais, on s'en doute, le pape ne cesse jamais de rappeler la primauté du spirituel. Et certains seront tentés de se demander si « l'attention préférentielle pour les pauvres » est plus qu'une référence obligée à partir du moment où un parallélisme rigoureux est établi entre la misère matérielle engendrée par le « sous-développement » dans l'hémisphère sud et la misère morale et spirituelle engendrée par le « sur-développe-

ment » dans l'hémisphère nord. En tout cas, ceux qui voudraient connaître la pensée exacte du pape feront bien de méditer cette déclaration importante : « La mission de l'Église n'est pas d'agir directement sur le plan économique, technique, politique, ou de contribuer matériellement au développement, mais elle consiste essentiellement à offrir aux peuples non pas "plus d'avoir" mais "plus d'être", en réveillant la conscience par l'Évangile » (n. 58).

Enfin, parmi les nouveaux espaces culturels du monde moderne, l'encyclique prête une attention toute particulière à ce que le pape, en référence à l'audace missionnaire de Paul, appelle les « aéropages » des temps modernes, et tout spécialement le monde de la communication. *Dans ce « village planétaire » qu'est devenu l'humanité, l'Église n'a pas encore pris la mesure du rôle considérable des medias. Il s'agit de dépasser une mentalité utilitaire et de discerner la « nouvelle culture » qui est en train de naître du fait même des moyens de communication moderne. « Il ne suffit donc pas de les (les medias) utiliser pour assurer la diffusion du message chrétien et de l'enseignement de l'Église, mais il faut intégrer le message dans cette « nouvelle culture » créée par les moyens de communication moderne (n. 37).*

Si la parole de l'Église a quelque chance de rejoindre les hommes de ce temps, elle ne peut pas ignorer ces autres « aéropages modernes » que constituent les mouvements pour la paix et le développement, les droits de l'homme et des peuples, la promotion de la femme et de l'enfant, la sauvegarde de la création, la recherche scientifique, les grandes organisations internationales. Comment témoigner de l'Évangile du sein même de ces lieux qui rassemblent tant et tant d'hommes et de femmes de bonne volonté ?

*Cette dernière question rejoint le grand problème de toute la missiologie contemporaine, à savoir celui de l'*inculturation *auquel l'Encyclique consacre quelques paragraphes très équilibrés (n. 52-54). L'inculturation ne concerne pas seulement l'incarnation de l'Évangile dans des cultures différentes sovuent façonnées par d'autres traditions religieuses que le christianisme, mais aussi son incarnation dans les nouveaux « aéropages » de la culture occidentale. La « traduction de l'Évangile » dans les nouvelles cultures pose de multiples problèmes à la conscience missionnaire de l'Église. L'encyclique rappelle deux principes incontestables : « la compatibilité avec l'Évangile et la com-*

munion avec l'Église universelle » (n. 54). Mais la mise en œuvre concrète sur le terrain est pleine d'embûches. Comment éviter à la fois l'aliénation qui provient d'un manque d'incarnation de l'Évangile et la « surévaluation de la culture » qui peut aboutir à une altération de l'Évangile authentique ? En référence à la longue histoire des missions, l'Encyclique aurait pu prévoir « le droit à l'erreur »... En tout cas, elle a la sagesse de rappeler que « l'inculturation doit être l'affaire de tout le Peuple de Dieu et pas seulement de quelques experts » (n. 54).

Cette brève introduction suffira à suggérer la porté exceptionnelle de ce grand texte. Il constitue comme une Charte de la mission de l'Église du Christ à la veille du troisième millénaire de la Rédemption. Son importance doctrinale n'échappera à personne. Vingt cinq ans après le Décret ad gentes. *Il illustre parfaitement ce que peut être la* réception *active du Concile dans la fidélité à ses enseignements comme aux leçons de l'histoire présente de l'Église. Toute l'Encyclique témoigne d'un grand souffle missionnaire. Elle n'est pas seulement un appel pressant à la responsabilité missionnaire de tous les chrétiens. Alors même que l'immensité de la tâche d'évangélisation dans le monde moderne est décrite avec beaucoup de réalisme, Jean-Paul II cherche à communiquer ce qu'il se plaît toujours à appeler* l'enthousiasme de la foi.

Claude GEFFRÉ

Vénérés Frères, chers Fils
Salut et Bénédiction apostolique!

INTRODUCTION

1. La mission du Christ Rédempteur, confiée à l'Église, est encore bien loin de son achèvement. Au terme du deuxième millénaire après sa venue, un regard d'ensemble porté sur l'humanité montre que cette mission en est encore à ses débuts et que nous devons nous engager de toutes nos forces à son service. C'est l'Esprit qui pousse à annoncer les grandes œuvres de Dieu : « Annoncer l'Évangile, en effet, n'est pas pour moi un titre de gloire ; c'est une nécessité qui m'incombe. Oui, malheur à moi si je n'annonçais pas l'Évangile ! » (1 *Co* 9, 16).

Je ressens impérieusement le devoir de répéter ce cri de saint Paul, au nom de toute l'Église. Dès le début de mon pontificat, j'ai choisi de voyager jusqu'aux extrémités de la terre pour manifester ce zèle missionnaire ; et, précisément, le contact direct avec les peuples qui ignorent le Christ m'a convaincu davantage encore de *l'urgence de l'activité missionnaire* à laquelle je consacre la présente encyclique.

Le deuxième Concile du Vatican a voulu renouveler la vie et l'activité de l'Église en fonction des besoins du monde contemporain ; il en a souligné le *caractère missionnaire* en le fondant de manière dynamique sur la mission trinitaire elle-même. L'élan missionnaire appartient donc à la nature intime de la vie chrétienne et il inspire aussi l'œcuménisme : « Que tous soient un... afin que le monde croie que tu m'as envoyé » (*Jn* 17, 21).

2. Les fruits missionnaires du Concile sont déjà abondants : les Églises locales se sont multipliées, avec leurs évêques, leur clergé et leur personnel apostolique ; on constate une insertion plus profonde des communautés chrétiennes dans la vie des peuples ; la communion entre les Églises entraîne un échange intense de biens spirituels et de dons ; l'engagement des laïcs dans l'évangélisation est en train de modifier la vie ecclésiale ; les Églises particulières s'ouvrent à la rencontre, au dialogue et à la collaboration avec les membres d'autres Églises chrétiennes et d'autres religions. Et surtout, une conscience nouvelle s'affirme, à savoir que *la mission concerne tous les chrétiens,* tous les diocèses et toutes les paroisses, toutes les institutions et toutes les associations ecclésiales.

Cependant, en ce « nouveau printemps » du christianisme, on ne peut taire une tendance négative que ce document désire contribuer à surmonter : il semble que la mission spécifique *ad gentes* devienne moins active, ce qui ne va assurément pas dans le sens des directives du Concile et de l'enseignement ultérieur du Magistère. Des difficultés internes et externes ont affaibli l'élan missionnaire de l'Église à l'égard des non-chrétiens, et c'est là un fait qui doit inquiéter tous ceux qui croient au Christ. Dans l'histoire de l'Église, en effet, le dynamisme missionnaire a toujours été un signe de vitalité, de même que son affaiblissement est le signe d'une crise de la foi [1].

1. Cf. PAUL VI, *Message* pour la Journée mondiale des Missions 1972 : « Combien de tensions internes, qui affaiblissent et déchirent certaines Églises et Institutions locales, disparaîtraient devant la ferme conviction que le salut des communautés locales s'acquiert par la coopération à l'œuvre missionnaire, pour que celle-ci s'étende jusqu'aux confins de la terre » (*Insegnamenti* X 1972], p. 522).

Vingt-cinq ans après la conclusion du Concile et la publication du décret *Ad gentes* sur l'activité missionnaire, quinze ans après l'exhortation apostolique *Evangelii nuntiandi* du Pape Paul VI, je voudrais inviter l'Église à *renouveler son engagement missionnaire,* poursuivant ainsi l'enseignement de mes prédécesseurs à ce sujet[2]. Le présent document a un objectif d'ordre interne : le renouveau de la foi et de la vie chrétiennes. En effet, la mission renouvelle l'Église, renforce la foi et l'identité chrétiennes, donne un regain d'enthousiasme et des motivations nouvelles. *La foi s'affermit lorsqu'on la donne!* La nouvelle évangélisation des peuples chrétiens trouvera inspiration et soutien dans l'engagement pour la mission universelle.

Mais ce qui me pousse plus encore à proclamer l'urgence de l'évangélisation missionnaire, c'est qu'elle constitue le premier service que l'Église peut rendre à tout homme et à l'humanité entière dans le monde actuel, lequel connaît des conquêtes admirables mais semble avoir perdu le sens des réalités ultimes et de son existence même. « Le Christ Rédempteur – ai-je écrit dans ma première encyclique – révèle pleinement l'homme à lui-même. (...) L'homme qui veut se comprendre lui-même jusqu'au fond (...) doit (...) s'approcher du Christ. (...) La Rédemption réalisée au moyen de la Croix a définitivement redonné à l'homme sa dignité et le sens de son existence dans le monde[3]. »

Il ne manque pas d'autres motivations et d'autres objectifs : répondre aux nombreuses requêtes d'un document de cette nature ; dissiper les doutes et les ambiguïtés au sujet de

2. Cf. Benoît XV, Lettre ap. *Maximum illud* (30 novembre 1919) : *AAS* 11 (1919), pp. 440-455 ; Pie XI, Encycl. *Rerum Ecclesiae* (28 février 1926) : *AAS* 18 (1926), pp. 65-83 ; Pie XII, Encycl. *Evangelii praecones* (2 juin 1951) : *AAS* 43 (1951), pp. 497-528 ; Encycl. *Fidei donum* (21 avril 1957) : *AAS* 49 (1957), pp. 225-248 ; Jean XXIII, Encycl. *Princeps Pastorum* (28 novembre 1959) : *AAS* 51 (1959), pp. 833-864.

3. Encycl. *Redemptor hominis* (4 mars 1979), n. 10 : *AAS* 71 (1979), pp. 274-275.

la mission *ad gentes,* en confirmant dans leurs engagements nos frères et sœurs méritants qui se consacrent à l'activité missionnaire ainsi que tous ceux qui les aident ; promouvoir les vocations missionnaires ; encourager les théologiens à approfondir et à exposer systématiquement les divers aspects de la mission ; relancer la mission de manière spécifique, en engageant les Églises particulières, spécialement les jeunes Églises, à envoyer et à recevoir des missionnaires ; assurer les non-chrétiens et, en particulier, les pouvoirs publics des pays vers lesquels s'oriente l'activité missionnaire, que celle-ci a pour fin unique de servir l'homme en lui révélant l'amour de Dieu qui s'est manifesté en Jésus Christ.

3. *Vous tous les peuples, ouvrez les portes au Christ!* Son Évangile n'enlève rien à la liberté de l'homme, au respect dû aux cultures, à ce qui est bon en toute religion. En accueillant le Christ, vous vous ouvrez à la Parole définitive de Dieu, à Celui en qui Dieu s'est pleinement fait connaître et en qui il nous a montré la voie pour aller à Lui.

Le nombre de ceux qui ignorent le Christ et ne font pas partie de l'Église augmente continuellement, et même il a presque doublé depuis la fin du Concile. À l'égard de ce nombre immense d'hommes que le Père aime et pour qui il a envoyé son Fils, l'urgence de la mission est évidente.

D'autre part, notre temps offre à l'Église de nouveaux motifs d'agir en ce domaine : l'écroulement d'idéologies et de systèmes politiques oppressifs ; l'ouverture des frontières et l'édification d'un monde plus uni, grâce au développement des communications ; dans les peuples, la reconnaissance croissante des valeurs évangéliques que Jésus a incarnées dans sa vie (paix, justice, fraternité, attention aux plus petits) ; un modèle de développement économique et technique sans âme mais qui invite à chercher la vérité sur Dieu, sur l'homme, sur le sens de la vie.

Dieu ouvre à l'Église les horizons d'une humanité plus

disposée à recevoir la semence évangélique. J'estime que le moment est venu d'engager toutes les forces ecclésiales dans la nouvelle évangélisation et dans la mission *ad gentes.* Aucun de ceux qui croient au Christ, aucune institution de l'Église ne peut se soustraire à ce devoir suprême : annoncer le Christ à tous les peuples.

CHAPITRE I

JÉSUS CHRIST, L'UNIQUE SAUVEUR

4. « A toutes les époques, et plus particulièrement à la nôtre, le devoir fondamental de l'Église – comme je le rappelais dans ma première encyclique qui avait valeur de programme – est de diriger le regard de l'homme, d'orienter la conscience de l'expérience de toute l'humanité vers le mystère du Christ[4]. »

La mission universelle de l'Église découle de la foi en Jésus Christ, comme le proclame la profession de foi trinitaire : « Je crois en un seul Seigneur, Jésus Christ, le Fils unique de Dieu, né du Père avant tous les siècles (...). Pour nous les hommes, et pour notre salut, il descendit du ciel. Par l'Esprit Saint, il a pris chair de la Vierge Marie, et s'est fait homme[5]. » L'événement de la Rédemption est le fondement du salut de tous, « parce que chacun a été inclus dans le mystère de la Rédemption, et Jésus Christ s'est uni à chacun, pour toujours, à travers ce mystère[6] ». La mission ne peut être comprise et fondée que dans la foi.

Et pourtant, à cause des changements de l'époque moderne et de la diffusion de nouvelles conceptions théologiques, certains s'interrogent : *la mission auprès des non-chrétiens est-elle encore actuelle ?* N'est-elle pas remplacée par le dialogue inter-religieux ? La promotion humaine n'est-elle

4. *Ibid., l.c.,* p. 275.
5. *Credo* de Nicée-Constantinople : *Ds* 150.
6. Encycl. *Redemptor hominis,* n. 13 : *l.c.,* p. 283.

pas un objectif suffisant ? Le respect de la conscience et de la liberté n'exclut-il pas toute proposition de conversion ? Ne peut-on faire son salut dans n'importe quelle religion ? *Alors, pourquoi la mission ?*

« Nul ne vient au Père que par moi » (*Jn* 14, 6)

5. En remontant aux origines de l'Église, nous voyons clairement affirmé que le Christ est l'unique Sauveur de tous, celui qui seul est en mesure de révéler Dieu et de conduire à Dieu. Aux autorités religieuses juives qui interrogent les Apôtres au sujet de la guérison de l'impotent qu'il avait accomplie, Pierre répond : « C'est par le nom de Jésus Christ le Nazôréen, celui que vous, vous avez crucifié, et que Dieu a ressuscité des morts, c'est par son nom et par nul autre que cet homme se présente guéri devant vous... Car il n'y a pas sous le ciel d'autre nom donné aux hommes, par lequel nous devions être sauvés » (*Ac* 4, 10.12). Cette affirmation, adressée au Sanhédrin, a une portée universelle car pour tous – Juifs et païens –, le salut ne peut venir que de Jésus Christ.

L'universalité de ce salut dans le Christ est affirmée dans tout le Nouveau Testament. Saint Paul reconnaît dans le Christ ressuscité le Seigneur : « Car – écrit-il –, bien qu'il y ait soit au ciel, soit sur la terre, de prétendus dieux – et de fait il y a quantité de dieux et quantité de seigneurs –, pour nous en tout cas, il n'y a qu'un seul Dieu, le Père, de qui tout vient et pour qui nous sommes, et un seul Seigneur, Jésus Christ, par qui tout existe et par qui nous sommes » (*1 Co* 8, 5-6). Le Dieu unique et l'unique Seigneur sont proclamés par contraste avec la multitude des « dieux » et des « seigneurs » que le peuple reconnaissait. Paul réagit contre le polythéisme du milieu religieux de son temps et met en relief le trait caractéristique de la foi chrétienne : la foi en un seul Dieu, et en un seul Seigneur envoyé par Dieu.

Dans l'Évangile de saint Jean, l'universalité du salut par le Christ comprend les aspects de sa mission de grâce, de vérité et de révélation : « Le Verbe est la lumière véritable, qui éclaire tout homme » (cf. *Jn* 1, 9). Et encore : « Nul n'a jamais vu Dieu ; le Fils unique, qui est dans le sein du Père, lui l'a fait connaître » (*Jn* 1, 18 ; cf. *Mt* 11, 27). La révélation de Dieu devient, par son Fils unique, définitive et achevée : « Après avoir, à maintes reprises et sous maintes formes, parlé jadis aux Pères par les prophètes, Dieu, en ces jours qui sont les derniers, nous a parlé par le Fils qu'il a établi héritier de toutes choses, par qui aussi il a fait les siècles » (*He* 1, 1-2 ; cf. *Jn* 14, 6). Dans cette Parole définitive de sa révélation, Dieu s'est fait connaître en plénitude : il a dit à l'humanité *qui il est.* Et cette révélation définitive que Dieu fait de lui-même est la raison fondamentale pour laquelle l'Église est missionnaire par sa nature. Elle ne peut pas ne pas proclamer l'Évangile, c'est-à-dire la plénitude de la vérité que Dieu nous a fait connaître sur lui-même.

Le Christ est l'unique médiateur entre Dieu et les hommes : « Car Dieu est unique, unique aussi le médiateur entre Dieu et les hommes, le Christ Jésus, homme lui-même, qui s'est livré en rançon pour tous. Tel est le témoignage rendu aux temps marqués et dont j'ai été établi, moi, héraut et apôtre – je dis vrai, je ne mens pas –, docteur des païens, dans la foi et la vérité » (*1 Tm* 2, 5-7 ; cf. *He* 4, 14-16). Les hommes ne peuvent donc entrer en communion avec Dieu que par le Christ, sous l'action de l'Esprit. Sa médiation unique et universelle, loin d'être un obstacle sur le chemin qui conduit à Dieu, est la voie tracée par Dieu lui-même, et le Christ en a pleine conscience. Le concours de médiations de types et d'ordres divers n'est pas exclu, mais celles-ci tirent leur sens et leur valeur *uniquement* de celle du Christ, et elles ne peuvent être considérées comme parallèles ou complémentaires.

6. Il est contraire à la foi chrétienne d'introduire une quelconque séparation entre le Verbe et Jésus Christ. Saint Jean affirme clairement que le Verbe, qui « était au commencement avec Dieu », est celui-là même qui « s'est fait chair » (*Jn* 1, 2. 14). Jésus est le Verbe incarné, Personne une et indivisible : on ne peut pas séparer Jésus du Christ, ni parler d'un « Jésus de l'histoire » qui serait différent du « Christ de la foi ». L'Église connaît et confesse Jésus comme « le Christ, le Fils du Dieu vivant » (*Mt* 16, 16). Le Christ n'est autre que Jésus de Nazareth, et celui-ci est le Verbe de Dieu fait homme pour le salut de tous. Dans le Christ « habite corporellement toute la Plénitude de la Divinité » (*Col* 2, 9) et « de sa plénitude nous avons tous reçu » (*Jn* 1, 16). Le « Fils unique qui est dans le sein du Père » (*Jn* 1, 18) est « le Fils bien-aimé, en qui nous avons la rédemption... Dieu s'est plu à faire habiter en lui toute la Plénitude et, par lui, à réconcilier tous les êtres pour lui, aussi bien sur la terre que dans les cieux, en faisant la paix par le sang de sa Croix » (*Col* 1, 13-14. 19-20). C'est précisément ce caractère unique du Christ qui lui confère une portée absolue et universelle par laquelle, étant dans l'histoire, il est le centre et la fin de l'histoire elle-même [7] : « Je suis l'Alpha et l'Oméga, le Premier et le Dernier, le Principe et la Fin » (*Ap* 22, 13).

S'il est donc normal et utile de prendre en considération les divers aspects du mystère du Christ, il ne faut jamais perdre de vue son unité. Alors que nous découvrons peu à peu et que nous mettons en valeur les dons de toutes sortes, surtout les richesses spirituelles, dont Dieu a fait bénéficier tous les peuples, il ne faut pas les disjoindre de Jésus Christ

---

7. Cf. CONC. ŒCUM. VAT. II, Const. past. sur l'Église dans le monde de ce temps *Gaudium et spes*, n. 2.

qui est au centre du plan divin de salut. Comme, « par son Incarnation, le Fils de Dieu s'est en quelque sorte uni lui-même à tout homme », « nous devons tenir que l'Esprit Saint offre à tous, d'une façon que Dieu connaît, la possibilité d'être associés au Mystère pascal » [8]. Le plan de Dieu est de « ramener toutes choses sous un seul Chef, le Christ, les êtres célestes comme les terrestres » (*Ep* 1, 10).

La foi au Christ est proposée à la liberté de l'homme

7. L'urgence de l'activité missionnaire résulte de *la nouveauté radicale de la vie* apportée par le Christ et vécue par ses disciples. Cette vie nouvelle est un don de Dieu, et il est demandé à l'homme de l'accueillir et de le développer, s'il veut se réaliser selon sa vocation intégrale en se conformant au Christ. Tout le Nouveau Testament est un hymne à la vie nouvelle pour celui qui croit au Christ et vit dans son Église. Le salut dans le Christ, dont l'Église témoigne et qu'elle annonce, est la communication que Dieu fait de lui-même : « C'est l'amour qui non seulement crée le bien, mais qui fait participer à la vie même de Dieu, Père, Fils et Esprit Saint. En effet, celui qui aime désire se donner lui-même [9]. »

Dieu offre à l'homme cette nouveauté de vie. « Peut-on refuser le Christ et tout ce qu'il a apporté dans l'histoire de l'homme ? Certainement oui. L'homme est libre. L'homme peut dire à Dieu : non. L'homme peut dire au Christ : non. Mais demeure la question fondamentale : est-il permis de le faire, et au nom de quoi est-ce permis ? [10] »

8. *Ibid.*, n. 22.
9. Encycl. *Dives in misericordia* (30 novembre 1980), n. 7 : *AAS* 72 (1980), p. 1202.
10. *Homélie* de la célébration eucharistique à Cracovie, 10 juin 1979 : *AAS* 71 (1979), p. 873.

8. Dans le monde moderne, il existe une tendance à réduire l'homme à la seule dimension horizontale. Mais que devient l'homme sans ouverture à l'Absolu ? La réponse se trouve dans l'expérience de tout homme, mais elle est aussi inscrite dans l'histoire de l'humanité avec le sang versé au nom des idéologies et par des régimes politiques qui ont voulu construire une « humanité nouvelle » sans Dieu [11].

Du reste, le Concile Vatican II répond à ceux qui ont le souci de protéger la liberté de conscience : « La personne humaine a droit à la liberté religieuse (...) Tous les hommes doivent être soustraits à toute contrainte de la part tant des individus que des groupes sociaux et de quelque pouvoir humain que ce soit, de telle sorte qu'en matière religieuse nul ne soit forcé d'agir contre sa conscience ni empêché d'agir, dans de justes limites, selon sa conscience, en privé comme en public, seul ou associé à d'autres [12]. »

L'annonce et le témoignage du Christ, quand ils sont faits dans le respect des consciences, ne violent pas la liberté. La foi exige la libre adhésion de l'homme, mais elle doit être proposée parce que les « multitudes ont le droit de connaître la richesse du mystère du Christ, dans lequel nous croyons que toute l'humanité peut trouver, avec une plénitude insoupçonnable, tout ce qu'elle cherche à tâtons au sujet de Dieu, de l'homme et de son destin, de la vie et de la mort, de la vérité (...) C'est pourquoi l'Église garde vivant son élan missionnaire, et même elle veut l'intensifier dans le moment historique qui est le nôtre » [13]. Il faut cependant dire, toujours avec le Concile, que, « en vertu de leur dignité, tous les hommes, parce qu'ils sont des personnes, c'est-à-dire doués de raison et de volonté libre, et, par suite,

---

11. Cf. JEAN XXIII, Encycl. *Mater et magistra* (15 mai 1961), IV : *AAS* 53 (1961), pp. 451-453.

12. Déclaration sur la liberté religieuse *Dignitatis humanae*, n. 2.

13. PAUL VI, Exhort. ap. *Evangelii nuntiandi* (8 décembre 1975), n. 53 : *AAS* 68 (1976), p. 42.

pourvus d'une responsabilité personnelle, sont pressés, par leur nature même, et tenus par obligation morale, à chercher la vérité, tout d'abord celle qui concerne la religion. Ils sont tenus aussi à adhérer à la vérité dès qu'ils la connaissent et à régler toute leur vie selon les exigences de cette vérité »[14].

L'ÉGLISE, SIGNE ET INSTRUMENT DU SALUT

9. L'Église est la première bénéficiaire du salut. Le Christ se l'est acquise par son sang (cf. *Ac* 20, 28) et l'a appelée à coopérer avec lui à l'œuvre du salut universel. En effet, le Christ vit en elle ; il est son époux ; il assure sa croissance ; il accomplit sa mission par elle.

Le Concile a amplement souligné le rôle de l'Église pour le salut de l'humanité. Tout en reconnaissant que Dieu aime tous les hommes et leur accorde la possibilité d'être sauvés (cf. *1 Tm* 2, 4)[15], l'Église professe que Dieu a constitué le Christ comme unique médiateur et qu'elle-même est établie comme sacrement universel de salut[16] : « Ainsi donc, à cette unité catholique du peuple de Dieu, tous les hommes sont appelés ; à cette unité appartiennent sous diverses formes, ou sont ordonnés, et les fidèles catholiques et ceux qui, par ailleurs, ont foi dans le Christ, et finalement tous les hommes sans exception que la grâce de Dieu appelle au salut[17]. » Il est nécessaire de tenir ensemble ces deux vérités, à savoir la possibilité réelle du salut dans le Christ pour tous les hommes et la nécessité de l'Église pour le salut. L'une et

---

14. Déclaration sur la liberté religieuse *Dignitatis humanae*, n. 2.
15. Cf. Const. dogm. sur l'Église *Lumen gentium*, nn. 14-17 ; Décret sur l'activité missionnaire de l'Église *Ad gentes*, n. 3.
16. Cf. Const. dogm. sur l'Église *Lumen gentium*, n. 48 ; Const. past. sur l'Église dans le monde de ce temps *Gaudium et spes*, n. 43 ; Décret sur l'activité missionnaire de l'Église *Ad gentes*, nn. 7-21.
17. Const. dogm. sur l'Église *Lumen gentium*, n. 13.

l'autre nous aident à comprendre *l'unique mystère salvifique,* et nous permettent ainsi de faire l'expérience de la miséricorde de Dieu et de prendre conscience de notre responsabilité. Le salut, qui est toujours un don de l'Esprit, requiert la coopération de l'homme à son propre salut comme à celui des autres. Telle est la volonté de Dieu, et c'est pour cela qu'il a fondé l'Église et l'a incluse dans le plan du salut : ce peuple messianique, dit le Concile, « établi par le Christ pour communier à la vie, à la charité et à la vérité, est entre ses mains l'instrument de la Rédemption de tous les hommes ; au monde entier il est envoyé comme lumière du monde et sel de la terre » [18].

Le salut est offert à tous les hommes

10. L'universalité du salut ne signifie pas qu'il n'est accordé qu'à ceux qui croient au Christ explicitement et qui sont entrés dans l'Église. Si le salut est destiné à tous, il doit être offert concrètement à tous. Mais il est évident, aujourd'hui comme dans le passé, que de nombreux hommes n'ont pas la possibilité de connaître ou d'accueillir la révélation de l'Évangile, ni d'entrer dans l'Église. Ils vivent dans des conditions sociales et culturelles qui ne le permettent pas, et ils ont souvent été éduqués dans d'autres traditions religieuses. Pour eux, le salut du Christ est accessible en vertu d'une grâce qui, tout en ayant une relation mystérieuse avec l'Église, ne les y introduit pas formellement mais les éclaire d'une manière adaptée à leur état d'esprit et à leur cadre de vie. Cette grâce vient du Christ, elle est le fruit de son sacrifice et elle est communiquée par l'Esprit Saint : elle

18. *Ibid.,* n. 9.

permet à chacun de parvenir au salut avec sa libre coopération.

C'est pourquoi le Concile, après avoir affirmé le caractère central du Mystère pascal, déclare : « Et cela ne vaut pas seulement pour ceux qui croient au Christ, mais bien pour tous les hommes de bonne volonté, dans le cœur desquels, invisiblement, agit la grâce. En effet, puisque le Christ est mort pour tous et que la vocation dernière de l'homme est réellement unique, à savoir divine, nous devons tenir que l'Esprit Saint offre à tous, d'une façon que Dieu connaît, la possibilité d'être associés au Mystère pascal [19]. »

« Nous ne pouvons pas nous taire » (*Ac* 4, 20)

11. Que dire alors des objections déjà évoquées à l'égard de la mission *ad gentes?* Dans le respect de toutes les convictions religieuses et de toutes les sensibilités, avant tout, nous devons affirmer avec simplicité notre foi dans le Christ, seul Sauveur de l'homme, foi que nous avons reçue comme un don d'en haut, sans mérite de notre part. Nous disons avec Paul : « Je ne rougis pas de l'Évangile : il est une force de Dieu pour le salut de tout homme qui croit » (*Rm* 1, 16). Les martyrs chrétiens de tous les temps – et aussi de notre temps – ont donné et continuent de donner leur vie pour rendre témoignage de cette foi devant les hommes, convaincus que tout homme a besoin de Jésus Christ, lui qui a vaincu le péché et la mort et réconcilié les hommes avec Dieu.

Le Christ s'est proclamé Fils de Dieu, intimement uni au Père, et il a été reconnu comme tel par ses disciples, confirmant ses paroles par des miracles et par sa résurrec-

19. Const. past. sur l'Église dans le monde de ce temps *Gaudium et spes,* n. 22.

tion d'entre les morts. L'Église offre aux hommes l'Évangile, document prophétique qui répond aux exigences et aux aspirations du cœur humain : il est toujours « Bonne Nouvelle ». L'Église ne peut se dispenser de proclamer que Jésus est venu révéler le visage de Dieu et mériter, par la Croix et la Résurrection, le salut pour tous les hommes.

À la question *pourquoi la mission ?,* nous répondons grâce à la foi et à l'expérience de l'Église, que la véritable libération, c'est s'ouvrir à l'amour du Christ. En lui, et en lui seulement, nous sommes libérés de toute aliénation et de tout égarement, de la soumission au pouvoir du péché et de la mort. Le Christ est véritablement « notre paix » (*Ep* 2, 14), et « l'amour du Christ nous presse » (*2 Co* 5, 14), donnant à notre vie son sens et sa joie. *La mission est un problème de foi,* elle est précisément la mesure de notre foi en Jésus Christ et en son amour pour nous.

Aujourd'hui, la tentation existe de réduire le christianisme à une sagesse purement humaine, en quelque sorte une science pour bien vivre. En un monde fortement sécularisé, est apparue une « sécularisation progressive du salut », ce pourquoi on se bat pour l'homme, certes, mais pour un homme mutilé, ramené à sa seule dimension horizontale. Nous savons au contraire que Jésus est venu apporter le salut intégral qui saisit tout l'homme et tous les hommes, en les ouvrant à la perspective merveilleuse de la filiation divine.

Pourquoi la mission ? Parce que, à nous comme à saint Paul, « a été confiée cette grâce-là, d'annoncer aux païens l'insondable richesse du Christ » (*Ep* 3, 8). La nouveauté de la vie en lui est la Bonne Nouvelle pour l'homme de tous les temps : tous les hommes y sont appelés et destinés. Tous la recherchent effectivement, même si c'est parfois de manière confuse, et tous ont le droit de connaître la valeur de ce don et d'y accéder. L'Église, et en elle tout chrétien, ne peut cacher ni garder pour elle cette nouveauté et cette richesse, reçues de la bonté divine pour être communiquées à tous les hommes.

Voilà pourquoi la mission découle non seulement du précepte formel du Seigneur, mais aussi de l'exigence profonde de la vie de Dieu en nous. Ceux qui font partie de l'Église catholique doivent se considérer comme privilégiés et, de ce fait, d'autant plus engagés à *donner un témoignage de foi et de vie chrétienne* qui soit un service à l'égard de leurs frères et une réponse due à Dieu, se souvenant que « la grandeur de leur condition doit être rapportée non à leurs mérites, mais à une grâce spéciale du Christ ; s'ils n'y correspondent pas par la pensée, la parole et l'action, ce n'est pas le salut qu'elle leur vaudra, mais un plus sévère jugement »[20].

---

20. CONC. ŒCUM. VAT. II, Const. dogm. sur l'Église *Lumen gentium,* n. 14.

Chapitre II

LE ROYAUME DE DIEU

12. « “Dieu riche en miséricorde” est Celui que Jésus Christ nous a révélé comme Père : c’est Lui, son Fils, qui nous l’a manifesté et fait connaître en lui-même [21]. » C’est là ce que j’écrivais au début de l’encyclique *Dives in misericordia,* pour montrer que le Christ est la révélation et l’incarnation de la miséricorde du Père. Le salut consiste à croire et à accueillir le mystère du Père et de son amour, qui se manifeste et se donne en Jésus par l’Esprit. Ainsi s’accomplit le Règne de Dieu, préparé dès l’Ancienne Alliance, mis en œuvre par le Christ et dans le Christ, annoncé à toutes les nations par l’Eglise qui agit et prie pour sa réalisation parfaite et définitive.

L’Ancien Testament atteste que Dieu a choisi et constitué un peuple pour révéler et mettre en œuvre son plan d’amour. Mais, en même temps, Dieu est créateur et père de tous les hommes, il prend soin de tous, à tous il étend sa bénédiction (cf. *Gn* 12, 3) et avec tous il a conclu une alliance (cf. *Gn* 9, 1-17). Israël fait l’expérience d’un Dieu personnel et sauveur (cf. *Dt* 4, 37 ; 7, 6-8 ; *Is* 43, 1-7) dont il devient ainsi le témoin et le porte-parole au milieu des nations. Au cours de son histoire, Israël prend conscience que son élection a une portée universelle (cf., par ex., *Is* 2, 2-5 ; 25, 6-8 ; 60, 1-6 ; *Jr* 3, 17 ; 16, 19).

---

21. Encycl. *Dives in misericordia,* n. 1 : *l.c.,* p. 1177.

13. Jésus de Nazareth conduit à son terme le plan de Dieu. Après avoir reçu l'Esprit Saint au baptême, il manifeste sa vocation messianique ; il parcourt la Galilée, « proclamant l'Évangile de Dieu et disant : "Le temps est accompli et le Royaume de Dieu est tout proche : repentez-vous et croyez à l'Évangile" » (*Mc* 1, 14-15 ; cf. *Mt* 4, 17 ; *Lc* 4, 43). La proclamation et l'instauration du Royaume de Dieu sont l'objet de sa mission : « C'est pour cela que j'ai été envoyé » (*Lc* 4, 43). Mais il y a plus : Jésus est lui-même la Bonne Nouvelle, comme il le déclare dans la synagogue de son village, dès le début de sa mission, en s'appliquant la parole d'Isaïe sur l'Oint, envoyé par l'Esprit du Seigneur (*Lc* 4, 14-21). Le Christ étant la Bonne Nouvelle, il y a en lui identité entre le message et le messager, entre le dire, l'agir et l'être. Sa force et le secret de l'efficacité de son action résident dans sa totale identification avec le message qu'il annonce : il proclame la Bonne Nouvelle non seulement par ce qu'il dit ou ce qu'il fait, mais par ce qu'il est.

Le ministère de Jésus est décrit dans le contexte de ses voyages dans son pays. L'horizon de sa mission avant la Pâque se concentre sur Israël ; toutefois, il y a en Jésus un élément nouveau d'importance primordiale. La réalité eschatologique n'est pas renvoyée à une fin du monde éloignée, mais elle devient proche et commence à advenir. Le Royaume de Dieu est tout proche (cf. *Mc* 1, 15), on prie pour qu'il vienne (cf. *Mt* 6, 10), la foi le voit déjà à l'œuvre dans les signes, tels les miracles (cf. *Mt* 11, 4-5), les exorcismes (cf. *Mt* 12, 25-28), le choix des Douze (cf. *Mc* 3, 13-19), l'annonce de la Bonne Nouvelle aux pauvres (cf. *Lc* 4, 18). Dans les rencontres de Jésus avec les païens, il apparaît clairement que l'accès au Royaume advient par la foi et la conversion (cf. *Mc* 1, 15), et non du fait d'une simple appartenance ethnique.

Le Règne que Jésus inaugure est le Règne de Dieu. Jésus lui-même révèle qui est ce Dieu qu'il désigne par le terme familier de « Abba », Père (*Mc* 14, 36). Dieu, révélé surtout dans les paraboles (cf. *Lc* 15, 3-32 ; *Mt* 20, 1-16), est sensible aux besoins et aux souffrances de tout homme : il est un Père plein d'amour et de compassion qui pardonne et accorde gratuitement les grâces demandées.

Saint Jean nous dit que « Dieu est Amour » (*1 Jn* 4, 18.16). Tout homme est donc invité à « se convertir » et à « croire » à l'amour miséricordieux de Dieu pour lui : le Royaume croîtra dans la mesure où tous les hommes apprendront à se tourner vers Dieu comme vers un Père dans l'intimité de la prière (cf. *Lc* 11, 2 ; *Mt* 23, 9) et s'efforceront d'accomplir sa volonté (cf. *Mt* 7, 21).

Caractéristiques et exigences du Royaume

14. Jésus révèle progressivement les caractéristiques et les exigences du Royaume par ses paroles, ses œuvres et sa personne.

Le Royaume de Dieu est destiné à tous les hommes, car tous sont appelés à en être les membres. Pour souligner cet aspect, Jésus s'est fait proche surtout de ceux qui étaient en marge de la société, leur accordant sa préférence, lorsqu'il annonçait la Bonne Nouvelle. Au début de son ministère, il proclame qu'il a été envoyé pour porter la Bonne Nouvelle aux pauvres (cf. *Lc* 4, 18). À tous les rejetés et à tous les méprisés, il déclare : « Heureux, vous les pauvres » (*Lc* 6, 20) ; de plus, il amène ces marginaux à vivre déjà une expérience de libération : il demeure avec eux, il va manger avec eux (cf. *Lc* 5, 30 ; 15, 2), il les traite comme des égaux et des amis (cf. *Lc* 7, 34), il leur fait sentir qu'ils sont aimés de Dieu et révèle ainsi l'immense tendresse de Dieu envers les plus démunis et les pécheurs (cf. *Lc* 15, 1-32).

La libération et le salut qu'apporte le Royaume de Dieu atteignent la personne humaine dans ses aspects physiques et spirituels. Deux gestes caractérisent la mission de Jésus : guérir et pardonner. Ses nombreuses guérisons montrent sa grande compassion en face de la misère humaine ; mais elles signifient aussi qu'il n'y aura plus, dans le Royaume, ni maladies ni souffrances et que, dès le début, la mission tend à libérer les personnes de leurs maux. Dans la perspective de Jésus, les guérisons sont également signes du salut spirituel, c'est-à-dire de la libération du péché. En accomplissant des gestes de guérison, Jésus invite à la foi, à la conversion et au désir du pardon (cf. *Lc* 5, 24). Quand est reçu le don de la foi, la guérison pousse à aller plus loin : elle introduit dans le salut (cf. *Lc* 18, 42-43). Les gestes de libération de la possession du démon, mal suprême et symbole du péché et de la rébellion contre Dieu, sont des signes que « le Royaume de Dieu est arrivé jusqu'à vous » (*Mt* 12, 28).

15. Le Royaume doit transformer les rapports entre les hommes et se réalise progressivement, au fur et à mesure qu'ils apprennent à s'aimer, à se pardonner, à se mettre au service les uns des autres. Jésus reprend toute la Loi, en la centrant sur le commandement de l'amour (cf. *Mt* 22, 34-40 ; *Lc* 10, 25-28). Avant de quitter les siens, Jésus leur donne un « commandement nouveau » : « Aimez-vous les uns les autres, comme je vous ai aimés » (*Jn* 13, 34; cf. 15, 12). L'amour dont Jésus a aimé le monde trouve son expression la plus haute dans le don de sa vie pour les hommes (cf. *Jn* 15, 13) qui manifeste l'amour que le Père a pour le monde (cf. *Jn* 3, 16). C'est pourquoi la nature du Royaume est la communion de tous les êtres humains entre eux et avec Dieu.

Le Royaume concerne les personnes humaines, la société, le monde entier. Travailler pour le Royaume signifie reconnaître et favoriser le dynamisme divin qui est présent dans l'histoire humaine et la transforme. Construire le Royaume signifie travailler pour la libération du mal dans toutes ses formes. En un mot, le Royaume de Dieu est la manifestation et la réalisation de son dessein de salut dans sa plénitude.

Le Royaume de Dieu est accompli et proclamé dans la Personne du Ressuscité

16. En ressuscitant Jésus d'entre les morts, Dieu a vaincu la mort et, dans le Christ, il a inauguré définitivement son Règne. Pendant sa vie terrestre, Jésus est le prophète du Royaume et, après sa Passion, sa Résurrection et son Ascension au ciel, il participe à la puissance de Dieu et à son pouvoir sur le monde (cf. *Mt* 28, 18 ; *Ac* 2, 36 ; *Ep* 1, 18-21). La Résurrection confère une portée universelle au message du Christ, à son action et à toute sa mission. Les disciples se rendent compte que le Royaume est déjà présent dans la personne de Jésus et qu'il est instauré peu à peu dans l'homme et dans le monde par un lien mystérieux avec lui.

Après la Résurrection, en effet, ils prêchaient le Royaume, annonçant que Jésus est mort et ressuscité. Philippe, en Samarie, « annonçait la Bonne Nouvelle du Royaume de Dieu et du nom de Jésus Christ » (*Ac* 8, 12). À Rome, Paul « proclamait le Royaume de Dieu et enseignait ce qui concerne le Seigneur Jésus Christ » (cf. *Ac* 28, 31). Les premiers chrétiens annonçaient, eux aussi, « le Royaume du Christ et de Dieu » (*Ep* 5, 5 ; cf. *Ap* 11, 15 ; 12, 10), ou bien « le Royaume éternel de notre Seigneur et Sauveur Jésus Christ » (*2 P* 1, 11). C'est sur l'annonce de Jésus Christ, avec qui s'identifie le Royaume, qu'est centrée la prédication de l'Église primitive. Aujourd'hui, il faut de même unir *l'annonce du Royaume de Dieu* (le contenu du « kérygme » de Jésus) et *la proclamation de l'événement Jésus-Christ* (c'est-à-dire le « kérygme » des Apôtres). Les deux annonces se complètent et s'éclairent réciproquement.

Le Royaume en rapport avec le Christ et l'Église

17. On parle beaucoup aujourd'hui du Royaume, mais pas toujours en accord avec la pensée de l'Église. Il existe, en effet, des conceptions du salut et de la mission que l'on peut appeler « anthropocentriques », au sens réducteur du terme, dans la mesure où elles sont centrées sur les besoins terrestres de l'homme. Suivant cette manière de voir, le Royaume tend à devenir une réalité exclusivement humaine et sécularisée où ce qui compte, ce sont les programmes et les luttes pour la libération sociale et économique, politique et aussi culturelle, mais avec un horizon fermé à la transcendance. Sans nier qu'il y ait des valeurs à promouvoir également à ce niveau, cette conception reste toutefois dans les limites d'un royaume de l'homme privé de ses dimensions authentiques et profondes, et elle se traduit facilement par l'une des idéologies de progrès purement terrestre. Le Royaume de Dieu, au contraire, « n'est pas de ce monde..., il n'est pas d'ici » (cf. *Jn* 18, 36).

Il y a d'autres conceptions qui mettent délibérément l'accent sur le Royaume et se définissent comme « régnocentriques » ; elles mettent en avant l'image d'une Église qui ne pense pas à elle-même, mais se préoccupe seulement de témoigner du Royaume et de le servir. C'est une « Église pour les autres », dit-on, comme le Christ est « l'homme pour les autres ». On analyse la tâche de l'Église comme si elle devait être accomplie dans deux directions : d'une part, promouvoir ce qu'on nomme les « valeurs du Royaume », telles que la paix, la justice, la liberté, la fraternité ; d'autre part, favoriser le dialogue entre les peuples, les cultures, les religions, afin que, grâce à un enrichissement mutuel, ils aident le monde à se renouveler et à avancer toujours plus vers le Royaume.

À côté d'aspects positifs, ces conceptions comportent souvent des aspects négatifs. D'abord, elles gardent le silence sur le Christ : le Royaume dont elles parlent se fonde sur un « théocentrisme », parce que – dit-on – le Christ ne peut pas être compris par ceux qui n'ont pas la foi chrétienne, alors que les peuples, les cultures et les diverses religions peuvent se rencontrer autour de l'unique réalité divine, quel que soit son nom. Pour le même motif, elles privilégient le mystère de la création qui se reflète dans la diversité des cultures et des convictions, mais elles se taisent sur le mystère de la Rédemption. En outre, le Royaume tel qu'elles l'entendent, finit par marginaliser ou sous-estimer l'Église, par réaction à un « ecclésiocentrisme » supposé du passé et parce qu'elles ne considèrent l'Église elle-même que comme un signe, d'ailleurs non dépourvu d'ambiguïté.

18. Or il ne s'agit pas là du Royaume de Dieu tel que nous le connaissons par la Révélation et que l'on ne peut séparer ni du Christ ni de l'Église.

Comme il a été dit, non seulement le Christ a annoncé le Royaume, mais c'est en lui que le Royaume lui-même s'est rendu présent et s'est accompli, et pas seulement par ses paroles et par ses actes : « Avant tout, le Royaume se manifeste dans la personne même du Christ, Fils de Dieu et Fils de l'homme, venu "pour servir et donner sa vie en rançon d'une multitude" (*Mc* 10, 45) [22]. » Le Royaume de Dieu n'est pas un concept, une doctrine, un programme que l'on puisse librement élaborer, mais il est avant tout *une Personne* qui a le visage et le nom de Jésus de Nazareth, image du Dieu invisible [23]. Si l'on détache le Royaume de

22. Conc. œcum. Vat. II, Const. dogm. sur l'Église *Lumen gentium*, n. 5.

23. Cf. Conc. œcum. Vat. II, Const. past. sur l'Église dans le monde de ce temps *Gaudium et spes*, n. 22.

Jésus, on ne prend plus en considération le Royaume de Dieu qu'il a révélé, et l'on finit par altérer le sens du Royaume, qui risque de se transformer en un objectif purement humain ou idéologique, et altérer aussi l'identité du Christ, qui n'apparaît plus comme le Seigneur à qui tout doit être soumis (cf. *1 Co* 15, 27).

De même, on ne peut disjoindre le Royaume et l'Église. Certes, l'Église n'est pas à elle-même sa propre fin, car elle est ordonnée au Royaume de Dieu dont elle est germe, signe et instrument. Mais, alors qu'elle est distincte du Christ et du Royaume, l'Église est unie indissolublement à l'un et à l'autre. Le Christ a doté l'Église, son corps, de la plénitude des biens et des moyens de salut ; l'Esprit Saint demeure en elle, la vivifie de ses dons et de ses charismes, il la sanctifie, la guide et la renouvelle sans cesse [24]. Il en résulte une relation singulière et unique qui, sans exclure l'action du Christ et de l'Esprit Saint hors des limites visibles de l'Église, confère à celle-ci un rôle spécifique et nécessaire. D'où aussi le lien spécial de l'Église avec le Royaume de Dieu et du Christ qu'elle a « la mission d'annoncer et d'instaurer dans toutes les nations » [25].

19. C'est dans cette perspective d'ensemble qu'il faut comprendre la réalité du Royaume. Certes, il exige la promotion des biens humains et des valeurs que l'on peut dire « évangéliques », parce qu'elles sont intimement liées à la Bonne Nouvelle. Mais cette promotion, à laquelle l'Église tient, ne doit cependant pas être séparée de ses autres devoirs fondamentaux, ni leur être opposée, devoirs tels que l'annonce du Christ et de son Évangile, la fondation et le développement de communautés qui réalisent entre les hommes l'image vivante du Royaume. Que l'on ne craigne

---

24. Cf. Conc. œcum. Vat. II, Const. dogm. sur l'Église *Lumen gentium*, n. 4.
25. *Ibid.*, n. 5.

pas de tomber là dans une forme d'« ecclésiocentrisme » ! Paul VI, qui a affirmé l'existence d'« un lien profond entre le Christ, l'Église et l'évangélisation » [26], a dit aussi : « L'Église n'est pas à elle-même sa propre fin, mais elle désire avec ardeur être tout entière du Christ, dans le Christ et pour le Christ ; tout entière également des hommes, parmi les hommes et pour les hommes [27]. »

L'Église au service du Royaume

20. L'Église est au service du Royaume effectivement et concrètement. Elle l'est, avant tout, par l'appel à la conversion : c'est le service premier et fondamental rendu à la venue du Royaume dans les personnes et dans la société humaine. Le salut eschatologique commence dès maintenant par la vie nouvelle dans le Christ : « À tous ceux qui l'ont accueilli, il a donné pouvoir de devenir enfants de Dieu, à ceux qui croient en son nom » (*Jn* 1, 12).

L'Église est au service du Royaume quand elle fonde des communautés et quand elle institue des Églises particulières qu'elle conduit à la maturité de la foi et de la charité, dans l'ouverture aux autres, dans le service de la personne et de la société, dans la compréhension et l'estime des institutions humaines.

L'Église est aussi au service du Royaume quand elle répand dans le monde les « valeurs évangéliques » qui sont l'expression du Royaume et aident les hommes à accueillir le plan de Dieu. Il est donc vrai que la réalité commencée du Royaume peut se trouver également au-delà des limites de l'Église, dans l'humanité entière, dans la mesure où celle-ci vit les « valeurs évangéliques » et s'ouvre à l'action

---

26. Exhort. ap. *Evangelii nuntiandi,* n. 16 : *l.c.,* p. 15.

27. *Discours* à l'ouverture de la IIIe session du Conc. œcum. Vat. II, 14 septembre 1964 : *AAS* 56 (1964), p. 810.

de l'Esprit qui souffle où il veut et comme il veut (cf. *Jn* 3, 8) ; mais il faut ajouter aussitôt que cette dimension temporelle du Royaume est incomplète si elle ne s'articule pas avec le Règne du Christ, présent dans l'Église et destiné à la plénitude eschatologique [28].

Les multiples perspectives du Royaume de Dieu [29] n'affaiblissent pas les fondements et les finalités de l'activité missionnaire, elle les renforcent plutôt et les élargissent. L'Église est sacrement du salut pour toute l'humanité et son action ne se limite pas à ceux qui acceptent son message. Elle est force dynamique sur le chemin de l'humanité vers le Règne eschatologique, elle est signe et promotrice des valeurs évangéliques parmi les hommes [30]. L'Église contribue à ce chemin de conversion au projet de Dieu par son témoignage et par ses activités, comme le dialogue, la promotion humaine, l'engagement pour la justice et la paix, l'éducation et le soin des malades, l'assistance aux pauvres et aux petits, s'en tenant toujours fermement au primat de la transcendance et de la spiritualité, prémices du salut eschatologique.

L'Église est enfin au service du Royaume par son intercession, car le Royaume est de soi don et œuvre de Dieu, comme le rappellent les paraboles évangéliques et la prière de Jésus nous a enseignée. Nous devons le demander, l'accueillir, le faire grandir en nous ; mais nous devons aussi travailler pour qu'il soit accueilli par les hommes et grandisse parmi eux, jusqu'au jour où le Christ « remettra la royauté à Dieu le Père » et où « Dieu sera tout en tous » (cf. *1 Co* 15, 24.28).

---

28. PAUL VI, Exhort. ap. *Evangelii nuntiandi,* n. 34 : *lc.,* p. 28.

29. Cf. COMMISSION THÉOLOGIQUE INTERNATIONALE, *Thèmes choisis d'ecclésiologie* pour le XXe anniversaire de la clôture du Conc. œcum. Vat. II, (7 octobre 1985), n. 10 : « La nature eschatologique de l'Église : Règne de Dieu et Église ».

30. Cf. CONC. ŒCUM. VAT. II, Const. past. sur l'Église dans le monde de ce temps *Gaudium et spes,* n. 39.

CHAPITRE III

L'ESPRIT SAINT, PROTAGONISTE DE LA MISSION

21. « Au sommet de la mission messianique de Jésus, l'Esprit Saint se rend présent au sein du mystère pascal dans sa qualité de sujet divin : il est celui qui doit maintenant continuer l'œuvre salvifique enracinée dans le sacrifice de la Croix. Cette œuvre, bien sûr, est confiée par Jésus à des hommes : aux apôtres, à l'Église. Toutefois, en ces hommes et par eux, l'Esprit Saint demeure le sujet transcendant de la réalisation de cette œuvre dans l'esprit de l'homme et dans l'histoire du monde [31]. »

L'Esprit Saint, en effet, est le protagoniste de toute la mission ecclésiale : son action ressort éminemment dans la mission *ad gentes,* comme on le voit dans l'Église primitive avec la conversion de Corneille (cf. *Ac* 10), avec les décisions sur les problèmes qui se font jour (cf. *Ac* 15), avec le choix des territoires et des peuples (cf. *Ac* 16, 6-8). L'Esprit agit par les Apôtres, mais il agit en même temps dans les auditeurs : « Par son action, la Bonne Nouvelle pénètre dans les consciences et dans les cœurs humains et se diffuse dans l'histoire. En tout cela, l'Esprit donne la vie [32]. »

---

31. Encycl. *Dominum et vivificantem* (18 mai 1986), n. 42 : *AAS* 78 (1986), p. 857.
32. *Ibid.,* n. 64 : *l.c.,* p. 892.

L'ENVOI « JUSQU'AUX EXTRÉMITÉS DE LA TERRE » (*Ac* 1, 8)

22. Tous les évangélistes, quand ils font le récit de la rencontre du Ressuscité avec les Apôtres, concluent par l'envoi en mission : « Tout pouvoir m'a été donné au ciel et sur la terre. Allez donc, de toutes les nations faites des disciples... Et voici que je suis avec vous pour toujours jusqu'à la fin du monde » (*Mt* 28, 18-20 ; cf. *Mc* 16, 15-18 ; *Lc* 24, 46-49 ; *Jn* 20, 21-23).

Cet envoi est un *envoi dans l'Esprit,* comme il apparaît clairement dans le texte de saint Jean : le Christ envoie les siens dans le monde, comme le Père l'a envoyé, et, pour cela, il leur donne l'Esprit. A son tour, Luc unit étroitement le témoignage que les Apôtres devront rendre au Christ et l'action de l'Esprit qui les rendra capables d'accomplir la mission reçue.

23. Les diverses formes de l'« envoi en mission » comportent des points communs et chacune a des traits caractéristiques ; mais deux éléments se retrouvent dans toutes les versions. D'abord, la dimension universelle de la tâche confiée aux Apôtres : « Toutes les nations » (*Mt* 28, 19) ; « dans le monde entier..., à toute la création » (*Mc* 16, 15) ; « toutes les nations » (*Lc* 24, 47) ; « jusqu'aux extrémités de la terre » (*Ac* 1, 8). En second lieu, l'assurance donnée par le Seigneur qu'ils ne resteront pas seuls pour accomplir cette tâche, mais qu'ils recevront la force et les moyens de remplir leur mission. Ainsi se manifestent la présence et la puissance de l'Esprit, de même que l'aide de Jésus : « Ils s'en allèrent prêcher en tout lieu, le Seigneur agissant avec eux » (*Mc* 16, 20).

En ce qui concerne les différences d'accent dans le précepte, Marc présente la mission comme proclamation ou *kérygme :* « Proclamez l'Évangile » (*Mc* 16, 15). Le but de l'évangéliste est de conduire les lecteurs à redire la profession de foi de Pierre : « Tu es le Christ » (*Mc* 8, 29) et à dire, comme le centurion romain devant Jésus mort sur la Croix : « Vraiment cet homme était Fils de Dieu » (*Mc* 15, 39). En Matthieu, l'accent missionnaire est mis sur la fondation de l'Église et sur son enseignement (cf. *Mt* 28, 19-20 ; 16, 18) : chez lui donc, cet envoi en mission fait ressortir que la proclamation de l'Évangile doit être complétée par une catéchèse d'ordre ecclésial et sacramentel. En Luc, la mission est présentée comme un témoignage (cf. *Lc* 24, 48 ; *Ac* 1, 8) qui porte surtout sur la Résurrection (cf. *Ac* 1, 22). Le missionnaire est invité à croire à la puissance transformante de l'Évangile et à annoncer ce que Luc montre bien, c'est-à-dire la conversion à l'amour et à la miséricorde de Dieu, l'expérience d'une libération intégrale de tout mal jusqu'à sa racine, le péché.

Jean est le seul à parler explicitement d'envoi – terme qui équivaut à « mission » – et il relie directement la mission que Jésus confie à ses disciples à celle qu'il a reçue du Père : « Comme le Père m'a envoyé, moi aussi je vous envoie » (*Jn* 20, 21). Jésus, se tournant vers son Père, dit : « Comme tu m'as envoyé dans le monde, moi aussi, je les ai envoyés dans le monde » (*Jn* 17, 18). Toute la portée missionnaire de l'Évangile de Jean se trouve exprimée dans la « prière sacerdotale » : « La vie éternelle, c'est qu'ils te connaissent, toi, le seul véritable Dieu, et celui que tu as envoyé, Jésus Christ » (*Jn* 17, 3). Le but dernier de la mission est de faire participer à la communion qui existe entre le Père et le Fils : les disciples doivent vivre entre eux l'unité, demeurant dans le Père et le Fils, afin que le monde reconnaisse et croie (cf. *Jn* 17, 21-23). C'est là un texte missionnaire significatif ! Il fait comprendre qu'on est missionnaire avant tout *par ce que l'on est,* en tant que membre de l'Église qui vit profondément l'unité dans l'amour, avant de l'être *par ce que l'on dit* ou *par ce que l'on fait.*

Ainsi les quatre Evangiles attestent un pluralisme dans l'unité fondamentale de la même mission qui reflète des expériences et des situations différentes dans les premières communautés chrétiennes; c'est le fruit du dynamisme communiqué par l'Esprit lui-même ; cela invite à être attentif aux divers charismes missionnaires, ainsi qu'aux diverses conditions humaines et aux différents milieux. Tous les évangélistes soulignent cependant que la mission des disciples est une coopération à celle du Christ : « Voici que je suis avec vous pour toujours jusqu'à la fin du monde » (*Mt* 28, 20). C'est pourquoi la mission ne s'appuie pas sur les capacités humaines, mais sur la puissance du Ressuscité.

L'Esprit guide la mission

24. La mission de l'Église, comme celle de Jésus, est l'œuvre de Dieu ou – comme le dit fréquemment Luc – l'œuvre de l'Esprit. Après la résurrection et l'ascension de Jésus, les Apôtres vivent une expérience forte qui les transforme : la Pentecôte. La venue de l'Esprit Saint fait d'eux des *témoins* et des *prophètes* (cf. *Ac* 1, 8; 2, 17-18), les pénétrant d'une tranquille audace qui les pousse à transmettre aux autres leur expérience de Jésus et l'espérance qui les anime. L'Esprit leur donne la capacité de témoigner de Jésus avec « assurance »[33].

Quand les évangélisateurs sortent de Jérusalem, l'Esprit assume plus encore le rôle de « guide » pour le choix des personnes ou des voies de la mission. Son action paraît spécialement dans l'impulsion donnée à la mission qui, effectivement, s'étend de Jérusalem à toute la Judée et à la

33. « Parrhesia » signifie aussi enthousiasme, vigueur, cf. *Ac* 2, 29 ; 4, 13.29.31 ; 9, 27.28 ; 13, 46 ; 14, 3 ; 18, 26 ; 19, 8 ; 26, 26 ; 28, 31.

Samarie, et jusqu'aux extrémités de la terre, suivant la parole de Jésus.

Les *Actes* rapportent la synthèse de six « discours missionnaires » adressés aux Juifs aux commencements de l'Église (cf. *Ac* 2, 22-39 ; 3, 12-26 ; 4, 9-12 ; 5, 29-32 ; 10, 34-43 ; 13, 16-41). Ces discours-modèles, prononcés par Pierre et par Paul, annoncent Jésus, invitent à « se convertir », c'est-à-dire à accueillir Jésus dans la foi et à se laisser transformer en lui par l'Esprit.

Paul et Barnabé sont poussés par l'Esprit vers les païens (cf. *Ac* 13, 46-48), ce qui ne se produit pas sans tensions et sans difficultés. Comment les païens convertis doivent-ils vivre leur foi en Jésus ? Sont-ils tenus par la tradition du judaïsme et par la loi de la circoncision ? Au premier Concile, qui réunit à Jérusalem autour des Apôtres les membres de diverses Églises, une décision est prise, reconnue comme inspirée par l'Esprit : il n'est pas nécessaire qu'un païen se soumette à la loi juive pour devenir chrétien (cf. *Ac* 15, 5-11.28). À partir de ce moment, l'Église ouvre ses portes et devient la maison dans laquelle tous peuvent entrer et se sentir à leur aise, en conservant leur culture et leurs traditions, pourvu qu'elles ne soient pas en opposition avec l'Évangile.

25. Les missionnaires ont agi dans le même sens, en tenant compte des attentes et des espérances des gens, de leurs angoisses et de leurs souffrances, de leur culture, pour leur annoncer le salut dans le Christ. Les discours de Lystres et d'Athènes (cf. *Ac* 14, 15-17 ; 17, 22-31) sont reconnus comme des modèles pour l'évangélisation des païens : Paul y entre en « dialogue » avec les valeurs culturelles et religieuses des différents peuples. Aux habitants de la Lycaonie, qui pratiquaient une religion cosmique, il rappelle des expériences religieuses en rapport avec le cosmos ; avec les Grecs, il discute de philosophie et cite leurs poètes (cf. *Ac* 17, 18.

26-28). Le Dieu qu'il veut leur révéler est déjà présent dans leur vie : c'est lui, en effet, qui les a créés et qui dirige mystérieusement les peuples et l'histoire ; cependant, pour reconnaître le vrai Dieu, il faut qu'ils renoncent aux faux dieux qu'ils ont eux-mêmes fabriqués et qu'ils s'ouvrent à celui que Dieu a envoyé pour remédier à leur ignorance et pour satisfaire l'attente de leur cœur. Ce sont là des discours qui présentent des exemples d'inculturation de l'Évangile.

Sous l'impulsion de l'Esprit, la foi chrétienne s'ouvre délibérément aux « nations » et le témoignage du Christ s'étend aux centres les plus importants de la Méditerranée orientale pour arriver jusqu'à Rome et aux confins de l'Occident. C'est l'Esprit qui pousse à aller toujours au-delà, non seulement du point de vue géographique mais aussi au-delà des barrières ethniques et religieuses, pour accomplir une mission réellement universelle.

L'ESPRIT REND TOUTE L'ÉGLISE MISSIONNAIRE

26. L'Esprit incite le groupe des croyants à se constituer en « communauté », en Église. Après la première annonce de Pierre, le jour de la Pentecôte, et les conversions qui ont suivi, la première communauté se forme (cf. *Ac* 2, 42-47 ; 4, 32-35).

L'un des objectifs centraux de la mission, en effet, est de réunir le peuple pour écouter l'Évangile, pour la communion fraternelle, pour la prière et l'Eucharistie. Vivre la « communion fraternelle » *(koinonia)* cela signifie n'avoir « qu'un cœur et qu'une âme » (*Ac* 4, 32), en instaurant la communion à tous les points de vue : humain, spirituel et matériel. De fait, la vraie communauté chrétienne s'engage à distribuer les biens terrestres pour qu'il n'y ait pas d'indigents et pour que tous puissent avoir accès à ces biens « selon les besoins de chacun » (*Ac* 2, 45 ; 4, 35). Les premières communautés, où régnaient « l'allégresse et la simplicité de cœur » (*Ac* 2, 46), étaient dynamiques, ouvertes et missionnaires : elles « avaient la faveur de tout le peuple » (*Ac* 2, 47). Avant même d'être une action, la mission est un témoignage et un rayonnement [34].

27. Les *Actes* montrent que la mission, qui s'adresse d'abord à Israël puis aux nations, se développe à différents niveaux. C'est d'abord le groupe des Douze qui, comme un seul corps conduit par Pierre, proclame la Bonne Nouvelle. Puis, c'est la communauté des croyants qui, par sa manière de vivre et d'agir, porte témoignage au Seigneur et convertit les païens (cf. *Ac* 2, 46-47). Il y a encore les envoyés spéciaux qui annoncent l'Évangile. Ainsi, la communauté chrétienne d'Antioche envoie ses membres en mission : après avoir jeûné, prié et célébré l'Eucharistie, elle se rend compte que l'Esprit a choisi Paul et Barnabé pour être envoyés en mission (cf. *Ac* 13, 1-4). À ses origines, la mission est donc considérée comme un devoir communautaire et une responsabilité de l'Église locale qui a besoin précisément de « missionnaires » pour avancer vers de nouvelles frontières. À côté de ces envoyés, il y en avait d'autres qui témoignaient spontanément de la nouveauté qui avait transformé leur vie ; ils reliaient alors les communautés en voie de constitution à l'Église apostolique.

La lecture des *Actes* nous fait comprendre que, au commencement de l'Église, la mission *ad gentes,* tout en disposant de missionnaires « à vie » qui s'y consacraient en vertu d'une vocation particulière, était en réalité considérée comme le fruit normal de la vie chrétienne, l'engagement de tout croyant par le témoignage personnel et par l'annonce explicite lorsqu'elle était possible.

---

34. Cf. PAUL VI, Exhort. ap. *Evangelii nuntiandi,* nn. 41-42 ; *l.c.,* pp. 31-33.

L'ESPRIT EST PRÉSENT ET AGISSANT EN TOUT TEMPS ET EN TOUT LIEU

28. L'Esprit se manifeste d'une manière particulière dans l'Église et dans ses membres ; cependant sa présence et son action sont universelles, sans limites d'espace ou de temps [35]. Le Concile Vatican II rappelle l'œuvre de l'Esprit dans le cœur de tout homme, par les « semences du Verbe », dans les actions même religieuses, dans les efforts de l'activité humaine qui tendent vers la vérité, vers le bien, vers Dieu [36].

L'Esprit offre à l'homme « lumière et forces pour lui permettre de répondre à sa très haute vocation » ; par l'Esprit, « l'homme parvient, dans la foi, à contempler et à goûter le mystère de la volonté divine » ; et « nous devons tenir que l'Esprit Saint offre à tous, d'une façon que Dieu connaît, la possibilité d'être associés au Mystère pascal » [37]. Dans tous les cas, l'Église sait que « l'homme, sans cesse sollicité par l'Esprit de Dieu, ne sera jamais tout à fait indifférent au problème religieux » et qu'il « voudra toujours connaître, ne serait-ce que confusément, la signification de sa vie, de ses activités et de sa mort » [38]. L'Esprit est donc à l'origine même de l'interrogation existentielle et religieuse de l'homme qui ne naît pas seulement de conditions contingentes mais aussi de la structure même de son être [39].

La présence et l'activité de l'Esprit ne concernent pas seulement les individus, mais la société et l'histoire, les peuples, les cultures, les religions. En effet, l'Esprit se trouve à l'origine des idéaux nobles et des initiatives bonnes de

35. Cf. Encycl. *Dominum et vivificantem,* n. 53 : *l.c.,* pp. 874-875.
36. Cf. CONC. ŒCUM. VAT. II, Décret sur l'activité missionnaire de l'Église *Ad gentes,* nn. 3. 11. 15 ; Const. past. sur l'Église dans le monde de ce temps *Gaudium et spes,* nn. 10-11. 22. 26. 38. 41. 92-93.
37. CONC. ŒCUM. VAT. II, Const. past. sur l'Église dans le monde de ce temps *Gaudium et spes,* nn. 10. 15. 22.
38. *Ibid.* n. 41.
39. Cf. Encycl. *Dominum et vivificantem,* n. 54 : *l.c.,* pp. 875-876.

l'humanité en marche : « Par une providence admirable, (il) conduit le cours des temps et rénove la face de la terre [40]. » Le Christ ressuscité « agit désormais dans le cœur des hommes par la puissance de son Esprit ; il n'y suscite pas seulement le désir du siècle à venir, mais, par là même, anime aussi, purifie et fortifie ces aspirations généreuses qui poussent la famille humaine à améliorer ses conditions de vie et à soumettre à cette fin la terre entière » [41]. C'est encore l'Esprit qui répand les « semences du Verbe », présentes dans les rites et les cultures, et les prépare à leur maturation dans le Christ [42].

29. Ainsi l'Esprit, qui « souffle où il veut » (*Jn* 3, 8) et qui « était déjà à l'œuvre avant la glorification du Christ » [43], lui qui « remplit le monde et qui, tenant unies toutes choses, a connaissance de chaque mot » (*Sg* 1, 7), nous invite à élargir notre regard pour contempler son action présente en tout temps et en tout lieu [44]. Moi-même, j'ai souvent renouvelé cette invitation et cela m'a guidé dans mes rencontres avec les peuples les plus divers. Les rapports de l'Église avec les autres religions sont inspirés par un double respect : « Respect pour l'homme dans sa quête de réponses aux questions les plus profondes de sa vie, et respect pour l'action de l'Esprit dans l'homme [45]. » La rencontre inter-religieuse d'Assise, si l'on écarte toute interprétation équivoque, a été

---

40. CONC. ŒCUM. VAT. II, Const. past. sur l'Église dans le monde de ce temps *Gaudium et spes*, n. 26.

41. *Ibid.*, n. 38 ; cf. n. 93.

42. Cf. CONC. ŒCUM. VAT. II, Const. dogm. sur l'Église *Lumen gentium*, n. 17 ; Décret sur l'activité missionnaire de l'Église *Ad gentes*, nn. 3. 15.

43. CONC. ŒCUM. VAT. II, Décret sur l'activité missionnaire de l'Église *Ad gentes*, n. 4.

44. Cf. Encycl. *Dominum et vivificantem*, n. 53 : *l.c.*, p. 874.

45. *Discours* aux membres des religions non chrétiennes, Madras, 5 février 1986, n. 2 : *AAS* 78 (1986), p. 767 ; cf. *Message* aux peuples d'Asie, Manille, 21 février 1981, nn. 2-4 : *AAS* 73 (1981), pp. 392-393 ; *Discours* aux représentants des religions non chrétiennes, Tokyo, 24 février 1981, nn. 3-4 : *Insegnamenti* IV/1 (1981), pp. 507-508.

l'occasion de redire ma conviction que « toute prière authentique est suscitée par l'Esprit Saint, qui est mystérieusement présent dans le cœur de tout homme »[46].

Ce même Esprit a agi dans l'Incarnation, dans la vie, la mort et la résurrection de Jésus, et il agit dans l'Église. Il ne se substitue donc pas au Christ, et il ne remplit pas une sorte de vide, comme, suivant une hypothèse parfois avancée, il en existerait entre le Christ et le Logos. Ce que l'Esprit fait dans le cœur des hommes et dans l'histoire des peuples, dans les cultures et les religions, remplit une fonction de préparation évangélique[47] et cela ne peut pas être sans relation au Christ, le Verbe fait chair par l'action de l'Esprit, « afin que, homme parfait, il sauve tous les hommes et récapitule toutes choses en lui »[48].

L'action universelle de l'Esprit n'est pas à séparer de l'action particulière qu'il mène dans le corps du Christ qu'est l'Église. En effet, c'est toujours l'Esprit qui agit quand il vivifie l'Église et la pousse à annoncer le Christ, ou quand il répand et fait croître ses dons en tous les hommes et en tous les peuples, amenant l'Église à les découvrir, à les promouvoir et à les recevoir par le dialogue. Il faut accueillir toutes les formes de la présence de l'Esprit avec respect et reconnaissance, mais le discernement revient à l'Église à laquelle le Christ a donné son Esprit pour la mener vers la vérité tout entière (cf. *Jn* 16, 13).

---

46. *Discours* aux Cardinaux et à la Curie romaine, 22 décembre 1986, n. 11 : *AAS* 79 (1987), p. 1089.

47. Cf. Conc. œcum. Vat. II, Const. dogm. sur l'Église *Lumen gentium,* n. 16.

48. Conc. œcum. Vat. II, Const. past. sur l'Église dans le monde de ce temps *Gaudium et spes,* n. 45 ; cf. Encycl. *Dominum et vivificantem,* n. 54 ; *l.c.,* p. 876.

L'ACTION MISSIONNAIRE N'EN EST QU'À SES DÉBUTS

30. Notre époque, alors que l'humanité est en mouvement et en recherche, exige *une impulsion nouvelle dans l'action missionnaire de l'Église.* Les horizons et les possibilités de la mission s'étendent et, nous les chrétiens, nous sommes appelés au courage apostolique, fondé sur la confiance dans l'Esprit. *C'est lui le protagoniste de la mission !*

Dans l'histoire de l'humanité, de nombreux tournants marquants ont stimulé le dynamisme missionnaire, et l'Église, guidée par l'Esprit, y a toujours répondu avec générosité et prévoyance. Et les fruits n'ont pas manqué. On a célébré récemment le millénaire de l'évangélisation de la Russie et des peuples slaves, tandis qu'on s'achemine vers la célébration du cinq centième anniversaire de l'évangélisation des Amériques. On a aussi célébré récemment le centenaire des premières missions de plusieurs pays d'Asie, d'Afrique et d'Océanie. L'Église doit affronter aujourd'hui d'autres défis, en avançant vers de nouvelles frontières tant pour la première mission *ad gentes* que pour la nouvelle évangélisation de peuples qui ont déjà reçu l'annonce du Christ. Il est aujourd'hui demandé à tous les chrétiens, aux Églises particulières et à l'Église universelle le même courage que celui qui animait les missionnaires du passé, la même disponibilité à écouter la voix de l'Esprit.

CHAPITRE IV

LES HORIZONS IMMENSES DE LA MISSION *AD GENTES*

31. Le Seigneur Jésus a envoyé ses Apôtres à toutes les personnes, à tous les peuples et en tous lieux de la terre. Dans la personne des Apôtres, l'Église a reçu une mission universelle, qui ne connaît pas de limites et concerne le salut dans toute sa richesse selon la plénitude de vie que le Christ est venu nous apporter (cf. *Jn* 10, 10) : elle a été « envoyée pour révéler et communiquer l'amour de Dieu à tous les hommes et à tous les peuples de la terre »[49].

Cette mission est unique, car elle a une seule origine et une seule finalité, mais elle comporte des tâches et des activités diverses. Tout d'abord, il y a l'activité missionnaire que nous appelons *la mission ad gentes,* par allusion au décret conciliaire ; il s'agit d'une activité primordiale de l'Église, une activité essentielle et jamais achevée. En effet, l'Église « ne peut esquiver *la mission permanente qui est celle de porter l'Évangile* à tous ceux – et ils sont des millions et des millions d'hommes et de femmes – qui ne connaissent pas encore le Christ rédempteur de l'homme. C'est la tâche la plus spécifiquement missionnaire que Jésus ait confiée et confie de nouveau chaque jour à son Église »[50].

---

49. CONC. ŒCUM. VAT. II, Décret sur l'activité missionnaire de l'Église *Ad gentes,* n. 10.

50. Exhort. ap. post-synodale *Christifideles laïci* (30 décembre 1988), n. 35 : *AAS* 81 (1989), p. 457.

UNE SITUATION RELIGIEUSE COMPLEXE ET MOUVANTE

32. Nous nous trouvons aujourd'hui devant des situations religieuses très diverses et changeantes : les peuples bougent, les réalités sociales et religieuses, jadis claires et bien définies, évoluent actuellement et deviennent complexes. Il suffit d'évoquer ici certains phénomènes tels que l'urbanisation, les migrations massives, les mouvements de réfugiés, la déchristianisation de pays anciennement chrétiens, l'influence croissante de l'Évangile et de ses valeurs dans des pays dont les habitants, en très grande majorité, ne sont pas chrétiens, sans oublier le foisonnement des messianismes et des sectes religieuses. Il y a un bouleversement des situations religieuses et sociales qui rend difficile l'application effective de certaines distinctions et catégories ecclésiales jusque-là communément utilisées. Avant même le Concile, on disait de certaines grandes villes ou de terres chrétiennes qu'elles étaient devenues des « pays de mission » et la situation ne s'est certainement pas améliorée dans les années qui ont suivi.

D'autre part, l'activité missionnaire a produit des fruits en abondance dans toutes les parties du monde de telle sorte qu'il y existe des Églises bien implantées, parfois avec tant de solidité et de maturité qu'elles peuvent à la fois pourvoir aux besoins de leurs propres communautés et envoyer des évangélisateurs dans d'autres Églises et d'autres territoires. De là vient le contraste avec les régions de chrétienté ancienne qu'il est nécessaire de réévangéliser. Certains se demandent donc si l'on peut encore parler d'*activité missionnaire spécifique* ou de terrains délimités pour cette activité, ou bien si l'on ne doit pas admettre qu'il existe une *situation missionnaire unique,* face à laquelle il y a une unique mission, partout identique. Il est difficile d'interpréter cette réalité complexe et changeante par rapport au précepte de l'évangélisation, comme on le voit déjà dans le « vocabulaire missionnaire » : par exemple, il y a une certaine hésitation à utiliser les mots de « missions » et de « missionnaires » que l'on considère comme dépassés et chargés de résonances historiques négatives ; on préfère se servir du substantif « mission » au singulier et de l'adjectif « missionnaire » pour qualifier toute activité de l'Église.

Cet embarras est le signe d'un changement réel qui présente des aspects positifs. Ce qu'on appelle le retour ou le « rapatriement » des *missions* dans la *mission* de l'Église, l'introduction de la *missiologie* dans l'*ecclésiologie* et l'insertion de l'une et de l'autre dans le dessein trinitaire du salut, tout cela a donné un souffle nouveau à cette activité missionnaire, qui n'est plus conçue comme une tâche marginale de l'Église mais intégrée dans le cœur de sa vie comme un engagement fondamental de tout le Peuple de Dieu. Il faut néanmoins éviter de courir le risque de ramener au même niveau des situations très diverses et de réduire, voire de faire disparaître, la mission et les missionnaires *ad gentes.* Dire que toute l'Église est missionnaire n'exclut pas l'existence d'une mission spécifique *ad gentes ;* de même, dire que tous les catholiques doivent être missionnaires n'exclut pas mais, au contraire, demande qu'il y ait des « missionnaires *ad gentes* et à vie » par une vocation spécifique.

LA MISSION *AD GENTES* GARDE SA VALEUR

33. À l'intérieur de *l'unique mission de l'Église,* les différences dans les activités ne naissent pas de raisons intrinsèques à la mission elle-même mais des circonstances diverses dans lesquelles elle s'exerce[51]. En considérant le monde d'au-

51. Cf. CONC. ŒCUM. VAT. II, Décret sur l'activité missionnaire de l'Église *Ad gentes,* n. 6.

jourd'hui du point de vue de l'évangélisation, nous pouvons distinguer *trois situations.*

Tout d'abord, celle à laquelle s'adresse l'activité missionnaire de l'Église : des peuples, des groupes humains, des contextes socio-culturels dans lesquels le Christ et son Évangile ne sont pas connus, ou dans lesquels il n'y a pas de communautés chrétiennes assez mûres pour pouvoir incarner la foi dans leur milieu et l'annoncer à d'autres groupes. Telle est, à proprement parler, la mission *ad gentes*[52].

Il y a ensuite des communautés chrétiennes aux structures ecclésiales fortes et adaptées, à la foi et à la vie ferventes, qui rendent témoignage à l'Évangile de manière rayonnante dans leur milieu et qui prennent conscience du devoir de la mission universelle. En elles s'exerce l'activité pastorale de l'Église.

Il existe enfin une situation intermédiaire, surtout dans les pays de vieille tradition chrétienne mais parfois aussi dans les Églises plus jeunes, où des groupes entiers de baptisés ont perdu le sens de la foi vivante ou vont jusqu'à ne plus se reconnaître comme membres de l'Église, en menant une existence éloignée du Christ et de son Évangile. Dans ce cas, il faut une « nouvelle évangélisation » ou une « réévangélisation ».

34. L'activité missionnaire spécifique, ou mission *ad gentes,* s'adresse « aux peuples et aux groupes humains qui ne croient pas encore au Christ », à « ceux qui sont loin du Christ », chez qui l'Église « n'a pas encore été enracinée » [53] et dont la culture n'a pas encore été imprégnée de l'Évangile [54]. Elle se distingue des autres activités de l'Église par le fait qu'elle s'adresse à des groupes et à des milieux non chrétiens parce que l'annonce de l'Évangile et la présence de

---

52. Cf. *ibid.*
53. *Ibid.,* nn. 6-23 ; cf. n. 27.
54. Cf. PAUL VI, Exhort. ap. *Evangelii nuntiandi,* nn. 18-20 : *l.c.,* pp. 17-19.

l'Église y ont fait défaut ou ont été insuffisantes. Elle a donc pour caractère propre d'être une action d'annonce du Christ et de son Évangile, d'édification de l'Église locale et de promotion des valeurs du Royaume. La particularité de cette mission *ad gentes* vient de ce qu'elle s'adresse à des non-chrétiens. Il faut, par conséquent, éviter que cette « tâche plus spécifiquement missionnaire que Jésus a confiée et de nouveau confie chaque jour à son Église »[55] ne se dissolve dans la mission d'ensemble du peuple de Dieu tout entier et ne soit, de ce fait, négligée ou bien oubliée.

Par ailleurs, les frontières de la *charge pastorale des fidèles,* de la *nouvelle évangélisation* et de l'*activité missionnaire spécifique* ne sont pas nettement définissables et on ne saurait créer entre elles des barrières ou une compartimentation rigide. Il faut, néanmoins, rester tendu vers l'annonce de l'Évangile et la fondation de nouvelles Églises dans les peuples et les groupes humains où il n'y en a pas encore, car telle est la tâche première de l'Église, envoyée à tous les peuples, jusqu'aux extrémités de la terre. Sans la mission *ad gentes,* cette dimension missionnaire de l'Église serait privée de sa signification fondamentale et de sa réalisation exemplaire.

De même, il est à noter qu'il existe une *interdépendance* réelle et croissante entre les différentes activités salvifiques de l'Église : chacune exerce une influence sur l'autre, la stimule et lui vient en aide. Le dynamisme missionnaire suscite des échanges entre les Églises et les oriente vers le monde extérieur, avec des influences positives en tous sens. Les Églises de vieille tradition chrétienne, par exemple, aux prises avec la lourde tâche de la nouvelle évangélisation, comprennent mieux qu'elles ne peuvent être missionnaires à l'égard des non-chrétiens d'autres pays ou d'autres continents si elles ne se préoccupent pas sérieusement des

55. Exhort. ap. post-synodale *Christifideles laïci,* n. 35 : *l.c.,* p. 457.

non-chrétiens de leurs pays : l'esprit missionnaire *ad intra* est un signe très sûr et un stimulant pour l'esprit missionnaire *ad extra,* et réciproquement.

À TOUS LES PEUPLES, MALGRÉ LES DIFFICULTÉS

35. La mission *ad gentes* a devant elle une tâche immense qui n'est certes pas près d'arriver à son terme. Au contraire, tant du point de vue numérique, avec l'accroissement démographique, que du point de vue socio-culturel, avec l'apparition de nouveaux types de relations et de nouveaux contacts comme avec les changements de situations, elle semble destinée à avoir des horizons encore plus étendus. La tâche d'annoncer Jésus Christ à tous les peuples s'avère immense et disproportionnée, compte tenu des forces humaines de l'Église.

Les difficultés semblent insurmontables et pourraient décourager s'il s'agissait d'une œuvre purement humaine. Certains pays interdisent aux missionnaires d'entrer chez eux ; d'autres interdisent non seulement l'évangélisation mais aussi les conversions et même le culte chrétien. Ailleurs, les obstacles sont d'ordre culturel : la transmission du message évangélique paraît dépourvue d'intérêt ou incompréhensible ; la conversion est perçue comme un abandon de son peuple et de sa culture.

36. *Les difficultés internes* ne manquent pas pour le peuple de Dieu ; ce sont même les plus douloureuses. Mon prédécesseur Paul VI faisait déjà remarquer en premier lieu « le manque de ferveur, d'autant plus grave qu'il vient du dedans ; il se manifeste dans la fatigue et le désenchantement, la routine et le désintérêt, et surtout le manque de joie et

d'espérance »[56]. Les divisions du passé et du présent entre les chrétiens sont aussi de grands obstacles à l'esprit missionnaire de l'Église[57], la déchristianisation dans certains pays chrétiens, la diminution des vocations à l'apostolat, les contre-témoignages de fidèles et de communautés chrétiennes qui ne suivent pas le modèle du Christ dans leur vie. Mais l'un des motifs les plus graves du manque d'intérêt pour l'engagement missionnaire est une mentalité marquée par l'indifférentisme, malheureusement très répandue parmi les chrétiens, souvent fondée sur des conceptions théologiques inexactes et imprégnée d'un relativisme religieux qui porte à considérer que « toutes les religions se valent ». Nous pouvons ajouter – ainsi que le disait le même Pontife – qu'il existe aussi « des alibis qui peuvent nous détourner de l'évangélisation. Les plus insidieux sont certainement ceux pour lesquels on prétend trouver appui dans tel ou tel enseignement du Concile »[58].

À ce sujet, je recommande vivement aux théologiens et aux professionnels de la presse chrétienne de coopérer toujours davantage à la mission, afin de bien saisir le sens profond de leur tâche importante, en suivant la voie droite du *sentire cum Ecclesia.*

Les difficultés internes et externes ne doivent pas nous rendre pessimistes ou inactifs. Ce qui compte – ici comme en tout domaine de la vie chrétienne –, c'est la confiance qui vient de la foi, c'est-à-dire de la certitude que nous ne sommes pas nous-mêmes les protagonistes de la mission mais que c'est Jésus Christ et son Esprit. Nous ne sommes que des collaborateurs et, quand nous avons fait tout ce qui était en notre pouvoir, nous devons dire : « Nous sommes

56. Exhort. ap. *Evangelii nuntiandi,* n. 80 : *l.c.,* p. 73.
57. Cf. CONC. ŒCUM. VAT. II, Décret sur l'activité missionnaire de l'Église *Ad gentes,* n. 6.
58. Exhort. ap. *Evangelii nuntiandi,* n. 80 : *l.c.,* p. 73.

des serviteurs inutiles. Nous avons fait ce que nous devions faire » (*Lc* 17, 10).

Les domaines de la mission *ad gentes*

37. La mission *ad gentes* n'a pas de limites, en raison du précepte universel du Christ. On peut néanmoins distinguer différents domaines dans lesquels elle s'accomplit, de manière à tracer le tableau réel de la situation.

a) *Les territoires*

L'activité missionnaire a généralement été définie par rapport à des territoires précis. Le Concile Vatican II a reconnu la dimension territoriale de la mission *ad gentes*[59], importante aujourd'hui encore pour déterminer les responsabilités, les compétences et les limites géographiques de l'action. Il est vrai qu'à une mission universelle doit correspondre une perspective universelle : l'Église, en effet, ne peut accepter que des délimitations territoriales et des empêchements politiques fassent obstacle à sa présence missionnaire. Mais il est vrai, également, que l'activité missionnaire *ad gentes,* différente de la charge pastorale des fidèles et de la nouvelle évangélisation des non-pratiquants, s'exerce dans des territoires et pour des groupes humains bien déterminés.

La multiplication des jeunes Églises à une époque récente ne doit pas faire illusion. Dans les territoires confiés à ces Églises, surtout en Asie, mais aussi en Afrique, en Amérique latine et en Océanie, il existe de vastes régions qui n'ont pas été évangélisées : des peuples entiers et des espaces culturels de grande importance, dans bon nombre de nations, n'ont pas encore été rejoints par l'annonce de l'Évangile et par la

---

59. Cf. Décret sur l'activité missionnaire de l'Église *Ad gentes,* n. 6.

présence d'une Église locale[60]. Même dans des pays de tradition chrétienne, il existe des régions placées sous le régime spécifique de la mission *ad gentes,* des groupes humains et des contrées qui n'ont pas été touchés par l'Évangile. Dans ces pays aussi, ce n'est donc pas seulement une nouvelle évangélisation qui s'impose, mais, en certains cas, une première évangélisation[61].

Cependant, les situations ne sont pas homogènes. Tout en reconnaissant que les affirmations qui portent sur les responsabilités missionnaires de l'Église ne sont pas recevables si elles ne sont authentifiées par un sérieux engagement pour la nouvelle évangélisation dans les pays de vieille tradition chrétienne, il ne paraît pas juste de mettre sur le même plan la situation d'un peuple qui n'a jamais connu Jésus Christ et celle d'un autre qui l'a connu, accepté puis refusé, tout en continuant à vivre dans une culture qui a assimilé en grande partie les principes et les valeurs évangéliques. En ce qui concerne la foi, ce sont deux situations substantiellement différentes.

Ainsi, le critère géographique, même s'il n'est pas très précis et s'il est toujours provisoire, sert encore à préciser les frontières vers lesquelles doit se porter l'activité missionnaire. Il existe des pays et des aires géographiques et culturelles sans communauté chrétienne autochtone ; ailleurs, ces communautés sont si petites qu'elles ne constituent pas un signe clair de présence chrétienne ; il peut se faire aussi qu'elles manquent de dynamisme pour évangéliser leur société ou qu'elles appartiennent à des populations minoritaires qui ne sont pas intégrées dans la culture nationale dominante. Sur le continent asiatique en particulier, vers lequel devrait se diriger en priorité la mission *ad gentes,* les chrétiens sont en petite minorité, même si parfois on y

---

60. Cf. *ibid.,* n. 20.

61. Cf. *Discours* aux membres du Symposium du Conseil des Conférences épiscopales d'Europe, 11 octobre 1985 : *AAS* 78 (1986), pp. 178-179.

constate des mouvements de conversion significatifs et de remarquables modes de présence chrétienne.

b) *Mondes nouveaux et phénomènes sociaux nouveaux*

Les transformations rapides et profondes qui caractérisent le monde d'aujourd'hui, notamment le Sud, exercent une forte influence sur le cadre de la mission : là où, auparavant, il y avait des situations humaines et sociales stables, tout se trouve aujourd'hui en mouvement. Que l'on pense, par exemple, à l'urbanisation et à la croissance massive des villes, surtout si la pression démographique est plus forte. D'ores et déjà, dans un bon nombre de pays, plus de la moitié de la population vit dans des mégapoles où les problèmes humains sont souvent aggravés par l'anonymat dans lequel se sentent plongées les multitudes.

Au cours des temps modernes, l'activité missionnaire s'est surtout déroulée dans des régions isolées, éloignées des centres civilisés et inaccessibles par suite des difficultés de communication, de langue, de climat. Aujourd'hui, l'image de la mission *ad gentes* est peut-être en train de changer : ses lieux privilégiés devraient être les grandes cités où apparaissent des mœurs nouvelles et de nouveaux modèles de vie, de nouvelles formes de culture et de communication qui, ensuite, influent sur l'ensemble de la population. Il est vrai que le « choix des plus petits » doit conduire à ne pas ignorer les groupes humains les plus marginaux ou les plus isolés, mais il n'en est pas moins vrai que l'on ne peut évangéliser les personnes ou les petits groupes en négligeant les centres où naît, pour ainsi dire, une humanité nouvelle avec de nouveaux modèles de développement. L'avenir des jeunes nations est en train de se forger dans les villes.

En parlant de l'avenir, on ne peut oublier les jeunes qui, dans de nombreux pays, constituent déjà plus de la moitié de la population. Comment faire parvenir le message du

Christ aux jeunes non chrétiens qui sont l'avenir de continents entiers? À l'évidence, les moyens ordinaires de la pastorale ne suffisent plus : il faut des associations et des institutions, des groupes et des centres de jeunes, des initiatives culturelles et sociales pour les jeunes. Voilà un domaine où les Mouvements ecclésiaux modernes trouvent un ample champ d'action.

Parmi les grandes mutations du monde contemporain, les migrations ont produit un phénomène nouveau : les non-chrétiens arrivent en grand nombre dans les pays de vieille tradition chrétienne, créant des occasions nouvelles de contacts et d'échanges culturels, invitant l'Église à l'accueil, au dialogue, à l'assistance, en un mot, à la fraternité. Parmi les migrants, les réfugiés occupent une place tout à fait particulière et méritent la plus grande attention. Ils sont maintenant des millions et des millions dans le monde et ne cessent d'augmenter : ils ont fui des situations d'oppression politique et de misère inhumaine, de famine et de sécheresse qui ont pris des proportions catastrophiques. L'Église doit les inclure dans le champ de sa sollicitude apostolique.

Enfin, on peut rappeler les situations de pauvreté, souvent intolérable, qui se créent dans de nombreux pays et sont fréquemment à l'origine de migrations massives. Ces situations inhumaines constituent un défi pour la communauté de ceux qui croient au Christ : l'annonce du Christ et du Règne de Dieu doit devenir un moyen de rachat humain pour ces populations.

c) *Aires culturelles ou aréopages modernes*

Paul, après avoir prêché dans de nombreux endroits, parvient à Athènes et se rend à l'Aréopage où il annonce l'Évangile en utilisant un langage adapté et compréhensible dans ce milieu (cf. *Ac* 17, 22-31). L'Aréopage représentait alors le centre de la culture des Athéniens instruits et il peut aujourd'hui être pris comme symbole des nouveaux milieux où l'on doit proclamer l'Évangile.

Le premier aréopage des temps modernes est *le monde de la communication,* qui donne une unité à l'humanité en faisant d'elle, comme on dit, « un grand village ». Les médias ont pris une telle importance qu'ils sont, pour beaucoup de gens, le moyen principal d'information et de formation ; ils guident et inspirent les comportements individuels, familiaux et sociaux. Ce sont surtout les nouvelles générations qui grandissent dans un monde conditionné par les médias. On a peut-être un peu négligé cet aréopage. On privilégie généralement d'autres moyens d'annonce évangélique et de formation, tandis que les médias sont laissés à l'initiative des particuliers ou de petits groupes et n'entrent dans la programmation pastorale que de manière secondaire. L'engagement dans les médias, toutefois, n'a pas pour seul but de démultiplier l'annonce. Il s'agit d'une réalité plus profonde car l'évangélisation même de la culture moderne dépend en grande partie de leur influence. Il ne suffit donc pas de les utiliser pour assurer la diffusion du message chrétien et de l'enseignement de l'Église, mais il faut intégrer le message dans cette « nouvelle culture » créée par les moyens de communication modernes. C'est un problème complexe car, sans même parler de son contenu, cette culture vient précisément de ce qu'il existe de nouveaux modes de communiquer avec de nouveaux langages, de nouvelles techniques, de nouveaux comportements. Mon prédécesseur Paul VI disait que « la rupture entre Évangile et culture est sans doute le drame de notre époque »[62] ; le domaine de la communication actuelle vient pleinement confirmer ce jugement.

Il existe, dans le monde moderne, beaucoup d'autres aréopages vers lesquels il faut orienter l'activité missionnaire de l'Église. Par exemple, l'engagement pour la paix, le

62. Exhort. ap. *Evangelii nuntiandi,* n. 20 : *l.c.,* p. 19.

développement et la libération des peuples, les droits de l'homme et des peuples, surtout ceux des minorités, la promotion de la femme et de l'enfant, la sauvegarde de la création, autant de domaines à éclairer par la lumière de l'Évangile.

En outre, il faut rappeler le très vaste aréopage de la culture, de la recherche scientifique, des rapports internationaux qui favorisent le dialogue et conduisent à de nouveaux projets de vie. Il faut être attentif à ces réalités modernes et y attacher de l'importance. Les hommes ont le sentiment d'être comme des marins sur la mer de la vie, appelés à une unité et à une solidarité toujours plus grandes. Les solutions des problèmes posés par l'existence doivent être étudiées, discutées, mises à l'épreuve avec le concours de tous. Voilà pourquoi les organismes et les rassemblements internationaux prennent toujours plus d'importance dans de nombreux secteurs de la vie humaine, de la culture à la politique, de l'économie à la recherche. Les chrétiens qui vivent et travaillent à ce niveau international se rappelleront toujours qu'ils doivent témoigner de l'Évangile.

38. Notre époque est tout à la fois dramatique et fascinante. Tandis que, d'un côté, les hommes semblent rechercher ardemment la prospérité matérielle et se plonger toujours davantage dans le matérialisme de la consommation, d'un autre côté, on voit surgir une angoissante quête du sens, un besoin d'intériorité, un désir d'apprendre des formes et des méthodes nouvelles de concentration et de prière. Dans les cultures imprégnées de religiosité, mais aussi dans les sociétés sécularisées, on recherche la dimension spirituelle de la vie comme antidote à la déshumanisation. Le phénomène que l'on nomme « retour du religieux » n'est pas sans ambiguïté, mais il contient un appel. L'Église a un immense patrimoine spirituel à offrir à l'humanité dans le Christ qui se proclame « la Voie, la Vérité et la Vie » (*Jn* 14, 6). C'est

la voie chrétienne qui mène à la rencontre de Dieu, à la prière, à l'ascèse, à la découverte du sens de la vie. Voilà encore un aréopage à évangéliser.

FIDÉLITÉ AU CHRIST ET PROMOTION DE LA LIBERTÉ HUMAINE

39. Toutes les formes de l'activité missionnaire sont marquées par la conscience que l'on favorise la liberté de l'homme en lui annonçant Jésus Christ. L'Église doit être fidèle au Christ, dont elle est le corps et dont elle poursuit la mission. Il est nécessaire qu'elle « suive la même route que le Christ, la route de la pauvreté, de l'obéissance, du service et de l'immolation de soi jusqu'à la mort, dont il est sorti victorieux par sa résurrection »[63]. L'Église doit donc tout faire pour déployer sa mission dans le monde et atteindre tous les peuples ; elle en a aussi le droit, qui lui a été donné par Dieu pour la mise en œuvre de son plan. La liberté religieuse, parfois encore limitée ou restreinte, est la condition et la garantie de toutes les libertés qui fondent le bien commun des personnes et des peuples. Il faut souhaiter que la véritable liberté religieuse soit accordée à tous en tout lieu, et l'Église s'y emploie dans les différents pays, surtout dans les pays à majorité catholique où elle a une plus grande influence. Cependant, il ne s'agit pas d'une question de religion de la majorité ou de la minorité, mais bien d'un droit inaliénable de toute personne humaine.

D'autre part, l'Église s'adresse à l'homme dans l'entier respect de sa liberté[64] : la mission ne restreint pas la liberté,

---

63. CONC. ŒCUM. VAT. II, Décret sur l'activité missionnaire de l'Église *Ad gentes,* n. 5 ; cf. Const. dogm. sur l'Église *Lumen gentium,* n. 8.

64. CONC. ŒCUM. VAT. II, Déclaration sur la liberté religieuse *Dignitatis humanae,* nn. 3-4 ; PAUL VI, Exhort. ap. *Evangelii nuntiandi,* nn. 79-80 : *l.c.,* pp. 71-75 ; JEAN-PAUL II, Encycl. *Redemptor hominis,* n. 12 : *l.c.,* pp. 278-281.

mais elle la favorise. *L'Église propose, elle n'impose rien :* elle respecte les personnes et les cultures, et elle s'arrête devant l'autel de la conscience. À ceux qui s'opposent, sous les prétextes les plus variés, à son activité missionnaire, l'Église répète : *Ouvrez les portes au Christ!*

Je m'adresse à toutes les Églises particulières, jeunes et anciennes. Le monde est en train de s'unifier toujours davantage, l'esprit de l'Évangile doit conduire à surmonter les barrières des cultures, des nationalismes, écartant toute fermeture. Benoît XV donnait déjà cet avertissement aux missionnaires de son époque : ne jamais « oublier sa dignité personnelle au point de penser davantage à sa patrie terrestre qu'à celle du ciel »[65]. La même recommandation vaut aujourd'hui pour les Églises particulières : ouvrez les portes aux missionnaires, car « toute Église particulière qui se couperait volontairement de l'Église universelle perdrait sa référence au dessein de Dieu; elle s'appauvrirait dans sa dimension ecclésiale »[66].

ORIENTER L'ATTENTION VERS LE SUD ET VERS L'EST

40. L'activité missionnaire représente aujourd'hui encore le plus grand des défis pour l'Église. Tandis que nous nous approchons de la fin du deuxième millénaire de la Rédemption, il devient toujours plus évident que les nations qui n'ont pas encore reçu la première annonce du Christ constituent la majeure partie de l'humanité. Le bilan de l'activité missionnaire des temps modernes est certes positif : l'Église a été établie sur tous les continents, et même la majorité des fidèles et des Églises particulières ne se trouve plus aujour-

65. Lettre ap. *Maximum illud : l.c.,* p. 446.
66. PAUL VI, Exhort. ap. *Evangelii nuntiandi,* n. 62 : *l.c.,* p. 52.

d'hui dans la vieille Europe, mais sur les continents que les missionnaires ont ouverts à la foi.

Il demeure, toutefois, que les « extrémités de la terre » où l'on doit porter l'Évangile reculent toujours davantage et la parole de Tertullien, selon laquelle l'Évangile a été annoncé à toute la terre et à tous les peuples [67], est bien loin de se vérifier dans les faits : la mission *ad gentes* n'en est encore qu'à ses débuts. De nouveaux peuples font leur entrée sur la scène mondiale et ils ont le droit, eux aussi, de recevoir l'annonce du salut. La croissance démographique du Sud et de l'Est, dans des pays non chrétiens, fait augmenter continuellement le nombre des personnes qui ignorent la Rédemption opérée par le Christ.

Il faut orienter l'attention missionnaire vers les aires géographiques et vers les milieux culturels qui sont restés à l'écart de l'influence de l'Évangile. Tous ceux qui croient au Christ doivent éprouver, comme partie intégrante de leur foi, le zèle apostolique de transmettre aux autres la joie et la lumière de la foi. Ce zèle doit devenir pour ainsi dire une faim et une soif de faire connaître le Seigneur, dès lors que le regard se porte sur les horizons immenses du monde non chrétien.

67. Cf. *De praescriptione haereticorum,* XX : *CCL* I, 201-202.

CHAPITRE V

LES VOIES DE LA MISSION

41. « L'activité missionnaire n'est rien d'autre, elle n'est rien de moins que la manifestation du dessein de Dieu, son épiphanie et sa réalisation dans le monde et son histoire, dans laquelle Dieu conduit clairement à son terme, au moyen de la mission, l'histoire du salut [68] ». Quels sont les chemins suivis par l'Église pour arriver à ce résultat ?

La mission est une réalité globale, mais complexe, qui s'accomplit de différentes manières dont certaines ont une importance particulière dans la situation actuelle de l'Église et du monde.

LA PREMIÈRE FORME D'ÉVANGÉLISATION EST LE TÉMOIGNAGE

42. L'homme contemporain croit plus les témoins que les maîtres [69], l'expérience que la doctrine, la vie et les faits que les théories. Première forme de la mission, le témoignage de la vie chrétienne est aussi irremplaçable. Le Christ, dont nous continuons la mission, est le « témoin » par excellence (cf. *Ap* 1, 5 ; 3, 14) et le modèle du témoignage chrétien. L'Esprit Saint accompagne l'Église dans son cheminement

68. CONC. ŒCUM. VAT. II, Décret sur l'activité missionnaire de l'Église *Ad gentes*, n. 9 ; cf. chap. II, nn. 10-18

69. Cf. PAUL VI, Exhort. ap. *Evangelii nuntiandi*, n. 41 : *l.c.*, pp. 31-32.

et l'associe au témoignage qu'Il rend au Christ (cf. *Jn* 15, 26-27).

La première forme de témoignage est *la vie même du missionnaire, de la famille chrétienne et de la communauté ecclésiale,* qui rend visible un nouveau mode de comportement. Le missionnaire qui, malgré toutes ses limites et ses imperfections humaines, vit avec simplicité à l'exemple du Christ est un signe de Dieu et des réalités transcendantes. Mais tous dans l'Église, en s'efforçant d'imiter le divin Maître, peuvent et doivent donner ce témoignage [70] ; dans bien des cas, c'est la seule façon possible d'être missionnaire.

Le témoignage évangélique auquel le monde est le plus sensible est celui de l'attention aux personnes et de la charité envers les pauvres, les petits et ceux qui souffrent. La gratuité de cette attitude et de ces actions, qui contrastent profondément avec l'égoïsme présent en l'homme, suscite des interrogations précises qui orientent vers Dieu et vers l'Évangile. De même, l'engagement pour la paix, la justice, les droits de l'homme, la promotion de la personne humaine est un témoignage évangélique dans la mesure où il est une marque d'attention aux personnes et où il tend vers le développement intégral de l'homme [71].

43. Les chrétiens et les communautés chrétiennes sont profondément intégrés à la vie de leurs peuples, et ils sont des signes évangéliques par la fidélité à leur patrie, à leur peuple, à leur culture nationale, tout en gardant la liberté que le Christ leur a acquise. Le christianisme est ouvert à la

---

70. CONC. ŒCUM. VAT. II, Const. dogm. sur l'Église *Lumen gentium,* nn. 28, 35, 38 ; Const. past. sur l'Église dans le monde de ce temps *Gaudium et spes,* n. 43 ; Décret sur l'activité missionnaire de l'Église *Ad gentes,* nn. 11-12.

71. Cf. PAUL VI, Encycl. *Populorum progressio* (26 mars 1967), nn. 21-42 : *AAS* 59 (1967), pp. 267-268, 278.

fraternité universelle, parce que tous les hommes sont fils du même Père et frères dans le Christ.

L'Église est appelée à rendre son témoignage au Christ en prenant des positions courageuses et prophétiques face à la corruption du pouvoir politique ou économique ; en ne recherchant ni la gloire ni les biens matériels ; en utilisant ce qu'elle possède pour servir les plus pauvres, et en imitant la simplicité de la vie du Christ. L'Église et les missionnaires doivent donner également le témoignage de l'humilité, d'abord envers eux-mêmes, en devenant capables d'un examen de conscience au niveau personnel et communautaire, afin de corriger dans leurs comportements ce qui s'oppose à l'Évangile et défigure le visage du Christ.

La première annonce du Christ Sauveur

44. L'annonce a, en permanence, la priorité dans la mission. L'Église ne peut se soustraire au mandat explicite du Christ ; elle ne peut pas priver les hommes de la Bonne Nouvelle qu'ils sont aimés de Dieu et sauvés par lui. « L'évangélisation contiendra aussi toujours – base, centre et sommet à la fois de son dynamisme – une claire proclamation que, en Jésus Christ (...), le salut est offert à tout homme, comme don de grâce et miséricorde de Dieu [72] ». Toutes les formes de l'activité missionnaire tendent à cette proclamation qui révèle et introduit dans le mystère caché depuis les siècles et dévoilé dans le Christ (cf. *Ep* 3, 3-9 ; *Col* 1, 25-29), mystère qui est au cœur de la mission et de la vie de l'Église, et qui forme le pivot de toute l'évangélisation.

Dans la réalité complexe de la mission, la première annonce a un rôle central et irremplaçable parce qu'elle

72. Cf. Paul VI, Exhort, ap. *Evangelii nuntiandi,* n. 27 : *l.c.,* p. 23.

introduit « dans le mystère de l'amour de Dieu, qui appelle à nouer des rapports personnels avec lui dans le Christ »[73] et qu'elle ouvre la voie à la conversion. La foi naît de l'annonce et toute communauté ecclésiale tire son origine et sa vie de la réponse personnelle de chaque fidèle à cette annonce[74]. De même que l'économie du salut est centrée sur le Christ, de même l'activité missionnaire tend à la proclamation de son mystère.

L'annonce a pour objet le Christ crucifié, mort et ressuscité : en lui s'accomplit la pleine et authentique libération du mal, du péché et de la mort ; en lui, Dieu donne la « vie nouvelle », divine et éternelle. Telle est la Bonne Nouvelle qui transforme l'homme et l'histoire de l'humanité et que tous les peuples ont le droit de connaître. Cette annonce doit être faite dans le contexte de la vie de l'homme et des peuples qui la reçoivent. Elle doit également être faite avec une attitude d'amour et d'estime envers celui qui écoute, dans un langage concret et adapté aux circonstances. Dans cette annonce, l'Esprit est à l'œuvre et instaure une communion entre le missionnaire et les auditeurs, ce qui est possible dans la mesure où ils communient entre eux, par le Christ, avec le Père[75].

45. L'annonce n'est jamais une action personnelle, car elle est faite en union avec toute la communauté ecclésiale. Le missionnaire est présent et agit en vertu d'un mandat reçu et, même s'il est seul, il est rattaché par des liens invisibles mais profonds à l'activité évangélisatrice de toute l'Église[76]. Tôt ou tard, les auditeurs entrevoient derrière lui la communauté qui l'a envoyé et le soutient.

---

73. CONC. ŒCUM. VAT. II, Décret sur l'activité missionnaire de l'Église *Ad gentes,* n. 13.

74. Cf. PAUL VI, Exhort, ap. *Evangelii nuntiandi,* n. 15 : *l.c.,* pp. 13-15 ; CONC. ŒCUM. VAT. II, Décret sur l'activité missionnaire de l'Église *Ad gentes,* nn. 13-14.

75. Cf. Encycl. *Dominum et vivificantem,* nn. 42-64 : *l.c.,* pp. 857-859, 892-894.

76. Cf. PAUL VI, Exhort, ap. *Evangelii nuntiandi,* n. 60 : *l.c.,* pp. 50-51.

L'annonce est animée par la foi, qui donne au missionnaire de l'enthousiasme et de la ferveur. Pour définir cette attitude, comme on l'a déjà dit, les *Actes* emploient le terme *parrhesia* qui signifie parler avec hardiesse et courage; ce terme se trouve dans saint Paul : « Notre Dieu nous a accordé de prêcher en toute hardiesse devant vous l'Évangile de Dieu, au milieu d'une lutte pénible » (1 *Th* 2, 2). « Priez aussi pour moi, afin qu'il me soit donné d'ouvrir la bouche pour parler et d'annoncer hardiment le Mystère de l'Évangile, dont je suis l'ambassadeur dans mes chaînes; obtenez-moi la hardiesse d'en parler comme je le dois » (*Ep* 6, 19-20).

Dans l'annonce du Christ aux non-chrétiens, le missionnaire est convaincu qu'il existe déjà, tant chez les individus que chez les peuples, grâce à l'action de l'Esprit, une attente, même inconsciente, de connaître la vérité sur Dieu, sur l'homme, sur la voie qui mène à la libération du péché et de la mort. L'enthousiasme à annoncer le Christ vient de la conviction que l'on répond à cette attente; c'est pourquoi le missionnaire ne se décourage pas ni ne renonce à son témoignage, même s'il est appelé à manifester sa foi dans un milieu hostile ou indifférent. Il sait que l'Esprit du Père parle en lui (cf. *Mt* 10, 17-20; *Lc* 12, 11-12) et il peut redire avec les Apôtres : « Nous sommes témoins de ces choses, nous et l'Esprit Saint » (*Ac* 5, 32). Il sait qu'il n'annonce pas une vérité humaine, mais la « Parole de Dieu », qui a une puissance intrinsèque et mystérieuse (cf. *Rm* 1, 16).

La preuve suprême est le don de la vie jusqu'à l'acceptation de la mort pour témoigner de la foi au Christ. Comme toujours dans l'histoire chrétienne, les « martyrs », c'est-à-dire les témoins, sont nombreux et ils sont indispensables à la marche de l'Évangile. À notre époque aussi, il en est beaucoup : évêques, prêtres, religieux et religieuses, laïcs, parfois héros inconnus, qui donnent leur vie en témoignage de la foi. Ce sont eux les messagers et les témoins par excellence.

CONVERSION ET BAPTÊME

46. L'annonce de la Parole de Dieu est ordonnée à la *conversion chrétienne,* c'est-à-dire à l'adhésion pleine et sincère au Christ et à son Évangile par la foi. La conversion est un don de Dieu, une action de la Trinité : c'est l'Esprit qui ouvre les portes des cœurs afin que les hommes puissent croire au Seigneur et « le confesser » (1 *Co* 12, 3). De celui qui s'approche de lui par la foi, Jésus dit : « Nul ne peut venir à moi, si le Père qui m'a envoyé ne l'attire » (*Jn* 6, 44).

La conversion s'exprime dès le début par une foi totale et radicale qui ne pose ni limites ni délais au don de Dieu. En même temps, elle déclenche un processus dynamique et permanent pour l'existence entière, exigeant un passage continu de la « vie selon la chair » à la « vie selon l'Esprit » (cf. *Rm* 8, 3-13). La conversion signifie que l'on accepte, par une décision personnelle, la seigneurie salvifique du Christ et que l'on devient son disciple.

L'Église appelle tout le monde à cette conversion, à l'exemple de Jean-Baptiste qui préparait les chemins du Seigneur en « proclamant un baptême de repentir pour la rémission des péchés » (*Mc* 1, 4), et à l'exemple du Christ lui-même qui, « après que Jean eut été livré, vint en Galilée, proclamant l'Évangile de Dieu et disant : "Le temps est accompli et le Royaume de Dieu est tout proche ; convertissez-vous et croyez à l'Évangile" » (*Mc* 1, 14-15).

Aujourd'hui, l'appel à la conversion que les missionnaires adressent aux non-chrétiens est mis en question ou passé sous silence. On y voit un acte de « prosélytisme » ; on dit qu'il suffit d'aider les hommes à être davantage hommes ou plus fidèles à leur religion, qu'il suffit d'édifier des communautés capables d'œuvrer pour la justice, la liberté, la paix, la solidarité. Mais on oublie que toute personne a le droit d'entendre la Bonne Nouvelle de Dieu, qui se fait connaître et qui se donne dans le Christ, afin de réaliser pleinement sa vocation. La grandeur de cet événement est mise en relief par les paroles de Jésus à la Samaritaine : « Si tu savais le don de Dieu », comme aussi par le désir inconscient mais ardent de la femme : « Seigneur, donne-moi cette eau, afin que je n'aie plus soif » (*Jn* 4, 10. 15).

47. Les Apôtres, poussés par l'Esprit Saint, invitaient tous les hommes à changer de vie, à se convertir et à recevoir le baptême. Aussitôt après l'événement de la Pentecôte, Pierre s'adressa à la foule de manière convaincante : « D'entendre cela, ils eurent le cœur transpercé et ils dirent à Pierre et aux Apôtres : "Frères, que devons-nous faire ?" Pierre leur répondit : "*Convertissez-vous,* et que chacun de vous se fasse baptiser au nom de Jésus Christ pour la rémission de ses péchés, et vous recevrez alors le don du Saint-Esprit" » (*Ac* 2, 37-38). Et il baptisa en ce jour environ trois mille personnes. Pierre encore, après la guérison de l'impotent, parla à la foule et répéta : « *Convertissez-vous* donc et revenez à Dieu afin que vos péchés soient effacés ! » (*Ac* 3, 19).

La conversion au Christ est liée au baptême, non seulement dans la pratique de l'Église mais parce que c'est la volonté du Christ, qui a demandé de faire des disciples de toutes les nations et de les baptiser (cf. *Mt* 28, 19), et aussi en raison de l'exigence intrinsèque de recevoir la plénitude de la vie en lui : « En vérité, en vérité, je te le dis – déclare Jésus à Nicodème –, à moins de naître d'eau et d'Esprit, nul ne peut entrer dans le Royaume de Dieu » (*Jn* 3, 5). Le baptême en effet nous fait naître à la vie d'enfants de Dieu ; il nous unit à Jésus Christ ; il nous confère l'onction dans l'Esprit Saint. Le baptême n'est pas seulement le sceau de la conversion, un signe extérieur qui la fait voir et l'atteste ;

c'est le sacrement qui signifie et opère cette nouvelle naissance dans l'Esprit, crée des liens réels et indissolubles avec la Trinité, rend membres du Corps du Christ qui est l'Église.

Il faut rappeler tout cela, car certains, précisément là où s'exerce la mission *ad gentes,* tendent à dissocier la conversion au Christ et le baptême, jugeant que celui-ci n'est pas nécessaire. Il est vrai que, dans tel ou tel milieu, on observe des conditionnements sociologiques du baptême qui en obscurcissent la véritable signification de foi. Divers facteurs historiques et culturels en sont la cause : il faut les faire disparaître là où ils subsistent encore, afin que le sacrement de la régénération spirituelle apparaisse dans toute sa valeur ; c'est le devoir des communautés ecclésiales locales de s'y employer. Il est vrai également qu'un certain nombre de personnes déclarent avoir intérieurement donné leur foi au Christ et à son message, sans pour autant vouloir s'engager sacramentellement parce que, à cause de leurs préjugés et des fautes des chrétiens, elles ne parviennent pas à percevoir la vraie nature de l'Église, mystère de foi et d'amour [77]. Je voudrais encourager ces personnes à s'ouvrir pleinement au Christ, en leur rappelant que si elles se sentent attirées par le Christ, c'est lui qui a voulu l'Église comme le « lieu » où elles peuvent effectivement le rencontrer. En même temps, j'invite les fidèles et les communautés chrétiennes à témoigner authentiquement du Christ par leur vie nouvelle.

Certes, tout converti est un don fait à l'Église et représente pour elle une grave responsabilité, non seulement parce qu'il faut le préparer au baptême par le catéchuménat et poursuivre ensuite son instruction religieuse, mais parce que, surtout s'il s'agit d'un adulte, il apporte une sorte d'énergie nouvelle, l'enthousiasme de la foi, le désir de trouver dans l'Église même l'Évangile vécu. Il serait déçu si, une fois entré dans la communauté ecclésiale, il y trouvait

77. Cf. Conc. œcum. Vat. II, Const. dogm. sur l'Église *Lumen gentium,* nn. 6-9.

une vie sans ferveur et sans signe de renouvellement. Nous ne pouvons pas prêcher la conversion sans nous convertir nous-mêmes chaque jour.

Fondation d'Églises locales

48. La conversion et le baptême introduisent dans l'Église, là où elle existe déjà, ou entraînent la constitution de nouvelles communautés qui proclament que Jésus est Sauveur et Seigneur. Cela fait partie du dessein de Dieu, à qui il a plu « d'appeler les hommes à participer à sa vie non pas seulement individuellement sans aucun lien les uns avec les autres, mais de les constituer en un peuple dans lequel ses enfants, qui étaient dispersés, seraient rassemblés dans l'unité »[78].

La mission *ad gentes* a comme objectif de fonder des communautés chrétiennes, d'amener des Églises à leur pleine maturité. C'est le but premier et spécifique de l'activité missionnaire et on ne peut pas dire qu'il soit atteint tant qu'on n'a pas réussi à édifier une nouvelle Église particulière vivant normalement dans son cadre naturel. Le décret *Ad gentes* parle amplement de cela[79] et, après le Concile, on a assisté au développement d'un courant théologique soulignant que tout le mystère de l'Église est contenu dans chaque Église particulière, à condition que celle-ci ne s'isole pas mais demeure en communion avec l'Église universelle et devienne, à son tour, missionnaire. Il s'agit là d'une œuvre importante et de longue haleine dont il est difficile de préciser les étapes où prend fin l'action proprement mis-

---

78. Conc. œcum. Vat. II, Décret sur l'activité missionnaire de l'Église, *Ad gentes*, n. 2 ; cf. Const. dogm. sur l'Église *Lumen gentium*, n. 9.

79. Cf. Décret sur l'activité missionnaire de l'Église, *Ad gentes*, chap. III, nn. 19-22.

sionnaire et où l'on passe à l'activité pastorale. Mais certains points doivent rester clairs.

49. Avant tout, il est nécessaire de chercher à établir partout des communautés chrétiennes qui soient des « signes de la présence de Dieu dans le monde »[80] et qui croissent jusqu'à devenir des Églises. Malgré le grand nombre des diocèses, il y a encore de vastes zones où les Églises locales sont entièrement absentes ou insuffisantes, compte tenu de la grande étendue du territoire ainsi que de la densité de la population. Un important travail d'implantation et de développement de l'Église reste à faire. Cette phase de l'histoire ecclésiale, qu'on appelle *plantatio Ecclesiae,* n'est pas terminée, au contraire elle est encore à entreprendre dans bien des groupements humains.

La responsabilité de cette tâche incombe à l'Église universelle et aux Églises particulières, à tout le Peuple de Dieu et à toutes les forces missionnaires. Toute Église, même si elle n'est composée que de nouveaux convertis, est missionnaire par sa nature ; elle est évangélisée et évangélisatrice. La foi doit toujours être présentée comme don de Dieu qu'il faut vivre en communauté (familles, paroisses, associations) et qui doit rayonner à l'extérieur par le témoignage de la vie et celui de la parole. L'action évangélisatrice de la communauté chrétienne, d'abord sur son territoire et ensuite ailleurs comme participation à la mission universelle, est le signe le plus clair de la maturité de la foi. Il faut convertir radicalement son état d'esprit pour devenir missionnaire, et cela vaut pour les personnes comme pour les communautés. Le Seigneur appelle toujours à sortir de soi-même, à partager avec les autres les biens que nous avons, en commençant par le plus précieux, celui de la foi. C'est à la lumière de cet

80. CONC. ŒCUM. VAT. II, Décret sur l'activité missionnaire de l'Église, *Ad gentes,* n. 15.

impératif missionnaire qu'on devra apprécier la valeur des organismes, des mouvements, des paroisses et des œuvres d'apostolat de l'Église. C'est seulement en devenant missionnaire que la communauté chrétienne pourra dépasser ses divisions et ses tensions internes et retrouver son unité et la vigueur de sa foi.

Les forces missionnaires provenant d'autres Églises et d'autres pays doivent agir en communion avec les éléments locaux pour le développement de la communauté chrétienne. Il leur revient en particulier – toujours suivant les directives des évêques et en collaboration avec les responsables locaux – de promouvoir la diffusion de la foi et l'expansion de l'Église dans des milieux et dans des groupes non chrétiens, de communiquer un souffle missionnaire aux Églises locales, en sorte que la préoccupation pastorale soit toujours liée au souci de la mission *ad gentes.* Ainsi, chaque Église fera vraiment sienne la sollicitude du Christ, le Bon Pasteur, qui se prodigue à son troupeau, mais pense en même temps aux « autres brebis, qui ne sont pas de cette bergerie » (*Jn* 10, 16).

50. Cette sollicitude motivera et stimulera un engagement œcuménique renouvelé. Les liens existant entre l'*activité œcuménique* et l'*activité missionnaire* imposent de prendre en considération simultanément deux facteurs. D'une part, on doit reconnaître que « la division des chrétiens nuit à la cause très sacrée de la prédication de l'Évangile à toute créature, et pour beaucoup elle ferme l'accès à la foi »[81]. Le fait que la Bonne Nouvelle de la réconciliation soit prêchée par les chrétiens qui sont eux-mêmes divisés en affaiblit le témoignage ; il est donc urgent de travailler pour l'unité des chrétiens afin que l'activité missionnaire puisse se révéler plus convaincante. En même temps, nous ne devons pas

81. *Ibid.*, n. 6.

oublier qu'en eux-mêmes les efforts déployés en vue de l'unité constituent un signe de l'œuvre de réconciliation que Dieu accomplit au milieu de nous.

D'autre part, il est vrai que tous ceux qui ont reçu le baptême dans le Christ se trouvent dans une certaine communion, bien qu'imparfaite. Et c'est là le fondement de l'orientation donnée par le Concile : « Étant bannie toute apparence d'indifférentisme, de confusionnisme et d'odieuse rivalité, les catholiques collaborent avec les frères séparés, selon les dispositions du décret sur l'œcuménisme, par une commune profession de foi en Dieu et en Jésus Christ devant les nations, dans la mesure du possible, et par une coopération dans les questions sociales et techniques, culturelles et religieuses [82]. »

L'activité œcuménique et le témoignage concordant rendu à Jésus Christ par des chrétiens appartenant à différentes Églises et communautés ecclésiales ont déjà porté des fruits abondants. Mais il est toujours plus urgent qu'ils collaborent et témoignent ensemble, en ce temps où des sectes chrétiennes et parachrétiennes sèment la confusion par leur action. L'expansion de ces sectes constitue une menace pour l'Église catholique et pour toutes les communautés ecclésiales avec lesquelles elle poursuit un dialogue. Partout où cela est possible, et suivant les conditions locales, la réponse des chrétiens pourra ainsi être œcuménique.

LES « COMMUNAUTÉS ECCLÉSIALES DE BASE », FORCE D'ÉVANGÉLISATION

51. Les communautés ecclésiales de base (connues aussi sous d'autres noms) constituent un phénomène au développement rapide dans les jeunes Églises. Les évêques et leurs

82. *Ibid.*, n. 15 ; cf. Décret sur l'œcuménisme *Unitatis redintegratio*, n. 3.

conférences les encouragent et en font parfois un choix prioritaire de la pastorale. Elles sont en train de faire leurs preuves comme centres de formation chrétienne et de rayonnement missionnaire. Il s'agit de groupes de chrétiens qui, au niveau familial ou dans un cadre restreint, se réunissent pour la prière, la lecture de l'Écriture, la catéchèse ainsi que le partage de problèmes humains et ecclésiaux en vue d'un engagement commun. Elles sont un signe de la vitalité de l'Église, un instrument de formation et d'évangélisation, un bon point de départ pour aboutir à une nouvelle société fondée sur la « civilisation de l'amour ».

Ces communautés décentralisent et articulent la communauté paroissiale, à laquelle elles demeurent toujours unies ; elles s'enracinent dans les milieux populaires et ruraux, devenant un ferment de vie chrétienne, d'attention aux plus petits, d'engagement pour la transformation de la société. Dans ces groupes, le chrétien fait une expérience communautaire, par laquelle il se sent partie prenante et encouragé à apporter sa collaboration à l'engagement de tous. Les communautés ecclésiales de base sont de cette manière un instrument d'évangélisation et de première annonce ainsi qu'une source de nouveaux ministères, tandis que, animées de la charité du Christ, elles montrent aussi comment il est possible de dépasser les divisions, les tribalismes, les racismes.

Toute communauté doit en effet, pour être chrétienne, s'établir sur le Christ et vivre du Christ, dans l'écoute de la Parole de Dieu, dans la prière centrée sur l'Eucharistie, dans la communion qui s'exprime par l'unité du cœur et de l'esprit, et dans le partage suivant les besoins de ses membres (cf. *Ac* 2, 42-47). Toute communauté – rappelait Paul VI – doit vivre dans l'unité avec l'Église particulière et l'Église universelle, dans une communion sincère avec les Pasteurs et le magistère, dans un engagement à se faire missionnaire en évitant tout repli et toute exploitation idéologique[83]. Et le Synode des Évêques a déclaré : « Puisque l'Église est communion, les nouvelles "communautés ecclésiales de base", si elles vivent vraiment dans l'unité de l'Église, sont une authentique expression de communion et un moyen pour construire une communion plus profonde. Elles constituent donc un motif de grande espérance pour la vie de l'Église[84]. »

INCARNER L'ÉVANGILE DANS LES CULTURES DES PEUPLES

52. En exerçant son activité missionnaire parmi les peuples, l'Église entre en contact avec différentes cultures et se trouve engagée dans le processus d'inculturation. C'est une exigence qui a marqué tout son parcours au long de l'histoire et qui se fait aujourd'hui particulièrement sensible et urgente.

Le processus d'insertion de l'Église dans les cultures des peuples demande beaucoup de temps : il ne s'agit pas d'une simple adaptation extérieure, car l'inculturation « signifie une intime transformation des authentiques valeurs culturelles par leur intégration dans le christianisme, et l'enracinement du christianisme dans les diverses cultures humaines »[85]. C'est donc un processus profond et global qui engage le message chrétien de même que la réflexion et la pratique de l'Église. Mais c'est aussi un processus difficile, car il ne doit en aucune manière compromettre la spécificité et l'intégrité de la foi chrétienne.

Par l'inculturation, l'Église incarne l'Évangile dans les diverses cultures et, en même temps, elle introduit les

83. Cf. Exhort. ap. *Evangelii nuntiandi,* n. 58 : *l.c.,* pp. 46-49.
84. Assemblée extraordinaire de 1985, *Rapport final,* II, C, 6.
85. *Ibid.,* II, D, 4.

peuples avec leurs cultures dans sa propre communauté [86]; elle leur transmet ses valeurs, en assumant ce qu'il y a de bon dans ces cultures et en les renouvelant de l'intérieur [87]. Pour sa part, l'Église, par l'inculturation, devient un signe plus compréhensible de ce qu'elle est et un instrument plus adapté à sa mission.

Grâce à cette action dans les Églises locales, l'Église universelle elle-même s'enrichit d'expressions et de valeurs nouvelles dans les divers secteurs de la vie chrétienne, tels que l'évangélisation, le culte, la théologie, les œuvres caritatives ; elle connaît et exprime mieux le mystère du Christ, et elle est incitée à se renouveler constamment. Ces thèmes, présents dans le Concile et, par la suite, dans les enseignements du magistère, je les ai sans cesse abordés au cours de mes visites pastorales aux jeunes Églises [88].

L'inculturation est un processus lent, qui embrasse toute l'étendue de la vie missionnaire et met en cause les divers agents de la mission *ad gentes,* les communautés chrétiennes au fur et à mesure qu'elles se développent, les Pasteurs qui ont la responsabilité de discernement et d'encouragement dans sa mise en œuvre [89].

53. Les missionnaires originaires d'autres Églises et d'autres pays doivent s'insérer dans le monde socio-culturel de ceux vers lesquels ils sont envoyés, en surmontant les conditionnements de leur milieu d'origine. C'est ainsi qu'ils

---

86. Cf. Exhort. ap. *Catechesi tradendae* (16 octobre 1979), p. 53 : *AAS* 71 (1979), p. 1320; Encycl. *Slavorum apostoli* (2 juin 1985), n. 21 : *AAS* 77 (1985), pp. 802-803.

87. Cf. Paul VI, Exhort. ap. *Evangelii nuntiandi,* n. 20 : *l.c.,* pp. 18-19.

88. Cf. *Discours* aux évêques du Zaïre, Kinshasa, 3 mai 1980, nn. 4-6 ; *AAS* 72 (1980), pp. 432-435 ; *Discours* aux évêques du Kenya, Nairobi, 7 mai 1980, n. 6 : *AAS* 72 (1980), p. 497 ; *Discours* aux évêques de l'Inde, Delhi, 1er février 1986, n. 5 : *AAS* 78 (1986), pp. 748-749 ; *Homélie* à Carthagène (Colombie), 6 juillet 1986, nn. 7-8 : *AAS* 79 (1987), pp. 105-106 ; cf. aussi Encycl. *Slavorum apostoli,* nn. 21-22 : *l.c.,* pp. 802-804.

89. Cf. Conc. œcum. Vat. II, Décret sur l'activité missionnaire de l'Église *Ad gentes,* n. 22.

doivent apprendre la langue de la région où ils travaillent, connaître les expressions les plus significatives de la culture des habitants, en en découvrant les valeurs par l'expérience directe. C'est seulement grâce à cette connaissance qu'ils pourront livrer aux peuples d'une manière crédible et fructueuse la connaissance du mystère caché (cf. *Rm* 16, 25-27 ; *Ep* 3, 5). Il ne s'agit certes pas pour eux de renoncer à leur identité culturelle, mais de comprendre, d'apprécier, de promouvoir et d'évangéliser celle du milieu où ils travaillent et donc d'être en mesure de communiquer réellement avec lui, en adoptant un style de vie qui soit un signe de leur témoignage évangélique et de leur solidarité avec les gens.

Les communautés ecclésiales en formation, inspirées par l'Évangile, pourront exprimer progressivement leur expérience chrétienne d'une manière originale, dans la ligne de leurs traditions culturelles, à condition de demeurer en harmonie avec les exigences objectives de la foi proprement dite. Dans ce but, spécialement en ce qui concerne les domaines les plus délicats de l'inculturation, les Églises particulières d'un même territoire devront travailler en communion les unes avec les autres [90] et avec toute l'Église, convaincues que seule une attention à l'Église universelle et aux Églises particulières les rendra capables de traduire le trésor de la foi dans la légitime variété de ses expressions [91]. C'est pourquoi les groupes évangélisés offriront les éléments pour une « traduction » du message évangélique [92] en tenant compte des éléments positifs apportés au cours des siècles grâce au contact du christianisme avec les différentes cultu-

90. Cf. *Ibid.*

91. Cf. Paul VI, Exhort. ap. *Evangelii nuntiandi*, n. 64 : *l.c.*, p. 55.

92. Les Églises particulières « ont le rôle d'assimiler l'essentiel du message évangélique, de le transposer, sans la moindre trahison de sa vérité essentielle, dans le langage que ces hommes comprennent, puis de l'annoncer dans ce langage. (...) Et "langage" doit s'entendre ici moins sur le plan sémantique ou littéraire que sur celui qu'on peut appeler anthropologique et culturel » (*ibid.*, n. 63 : *l.c.*, p. 53).

res, mais sans oublier les dangers d'altération qui se sont parfois manifestés [93].

54. À ce propos, certaines précisions restent fondamentales. L'inculturation correctement menée doit être guidée par deux principes : « La compatibilité avec l'Évangile et la communion avec l'Église universelle [94]. » Gardiens du « dépôt de la foi », les évêques veilleront à la fidélité et, surtout, au discernement [95], ce qui requiert un profond équilibre ; car on risque de passer sans analyse critique d'une sorte d'aliénation par rapport à la culture à une surévaluation de la culture, qui est une production de l'homme, et qui est donc marquée par le péché. La culture a besoin, elle aussi, d'être « purifiée, élevée et perfectionnée » [96].

Un tel processus doit s'effectuer graduellement, de façon qu'il soit vraiment l'expression de l'expérience chrétienne de la communauté : « Il faudra une incubation du mystère chrétien dans le génie de votre peuple – disait Paul VI à Kampala – pour qu'ensuite sa voix originale, plus limpide et plus franche, s'élève, harmonieuse, dans le chœur des autres voix de l'Église universelle [97]. » En définitive, l'inculturation doit être l'affaire de tout le Peuple de Dieu et pas seulement de quelques experts, car on sait que le peuple reflète l'authentique sens de la foi qu'il ne faut jamais perdre de vue. Certes, elle doit être guidée et stimulée, mais pas forcée afin de ne pas provoquer de réactions négatives parmi les chrétiens : elle doit être l'expression de la vie communautaire, c'est-à-dire mûrir au sein de la communauté, et non

---

93. Cf. *Discours* à l'audience générale du 13 avril 1988 : *Insegnamenti* XI/1 (1988), pp. 877-881.

94. Exhort. ap. *Familiaris consortio* (22 novembre 1981), n. 10, où il est question de l'inculturation « dans le domaine du mariage et de la famille » : *AAS* 74 (1982), p. 91.

95. Cf. PAUL VI, Exhort. ap. *Evangelii nuntiandi,* nn. 63-65 : *l.c.,* pp. 53-56.

96. CONC. ŒCUM. VAT. II, Const. dogm. sur l'Église *Lumen gentium,* n. 17.

97. *Discours* aux participants au Symposium des évêques de l'Afrique, Kampala, 31 juillet 1969, n. 2 : *AAS* 61 (1969), p. 577.

pas le fruit exclusif de recherches érudites. La sauvegarde des valeurs traditionnelles est l'effet d'une foi mûre.

Le dialogue avec les frères d'autres religions

55. Le dialogue interreligieux fait partie de la mission évangélisatrice de l'Église. Entendu comme méthode et comme moyen en vue d'une connaissance et d'un enrichissement réciproques, il ne s'oppose pas à la mission *ad gentes,* au contraire il lui est spécialement lié et il en est une expression. Car cette mission a pour destinataires les hommes qui ne connaissent pas le Christ ni son Évangile et qui, en grande majorité, appartiennent à d'autres religions. Dieu appelle à lui toutes les nations dans le Christ ; il veut leur communiquer la plénitude de sa révélation et de son amour ; il ne manque pas non plus de manifester sa présence de beaucoup de manières, non seulement aux individus mais encore aux peuples, par leurs richesses spirituelles dont les religions sont une expression principale et essentielle, bien qu'elles comportent « des lacunes, des insuffisances et des erreurs »[98]. Le Concile et les enseignements ultérieurs du magistère ont amplement souligné tout cela, maintenant toujours avec fermeté que *le salut vient du Christ* et que *le dialogue ne dispense pas de l'évangélisation*[99].

---

98. Paul VI, *Discours* à l'ouverture de la deuxième session du Conc. œcum. Vat. II, 29 septembre 1963 : *AAS* 55 (1963), p. 858 ; cf. Conc. œcum. Vat. II, Déclaration sur les relations de l'Église avec les religions non chrétiennes *Nostra aetate,* n. 2 ; Const. dogm. sur l'Église *Lumen gentium,* n. 16 ; Décret sur l'activité missionnaire de l'Église *Ad gentes,* n. 9 ; Paul VI, Exhort. ap. *Evangelii nuntiandi,* n. 53 : *l.c.,* pp. 41-42.

99. Cf. Paul VI, Encycl. *Ecclesiam suam* (6 août 1964) : *AAS* 56 (1964), pp. 609-659 ; Conc. œcum. Vat. II, Déclaration sur les relations de l'Église avec les religions non chrétiennes *Nostra aetate ;* Décret sur l'activité missionnaire de l'Église *Ad gentes,* nn. 11, 41 ; Secrétariat pour les Non-Chrétiens, *L'attitude de l'Église devant les croyants des autres religions - Réflexions et orientations concernant le dialogue et la mission* (4 septembre 1984) : *AAS* 76 (1984), pp. 816-828.

À la lumière de l'économie du salut, l'Église estime qu'il n'y a pas contradiction entre l'annonce du Christ et le dialogue interreligieux, mais elle sent la nécessité de les coordonner dans le cadre de sa mission *ad gentes.* En effet, il faut que ces deux éléments demeurent intimement liés et en même temps distincts, et c'est pourquoi on ne doit ni les confondre, ni les exploiter, ni les tenir pour équivalents comme s'ils étaient interchangeables.

J'ai écrit récemment aux évêques d'Asie : « Bien que l'Église reconnaisse volontiers tout ce qui est vrai et saint dans les traditions religieuses du bouddhisme, de l'hindouisme et de l'islam, comme un reflet de la vérité qui éclaire tous les hommes, cela ne diminue pas son devoir et sa détermination de proclamer sans hésitation Jésus Christ qui est "la Voie, la Vérité et la Vie" (...). Le fait que les adeptes d'autres religions puissent recevoir la grâce de Dieu et être sauvés par le Christ en dehors des moyens ordinaires qu'il a institués n'annule donc pas l'appel à la foi et au baptême que Dieu veut pour tous les peuples [100]. » En effet, le Christ lui-même, « en nous enseignant expressément la nécessité de la foi et du baptême (...), nous a confirmé en même temps *la nécessité de l'Église* elle-même, dans laquelle les hommes entrent par la porte du baptême » [101]. Le dialogue doit être conduit et mis en œuvre dans la conviction que *l'Église est la voie ordinaire du salut* et qu'*elle seule* possède la plénitude des moyens du salut [102].

56. Le dialogue n'est pas la conséquence d'une stratégie ou d'un intérêt, mais c'est une activité qui a ses motivations, ses

---

100. Lettre aux évêques de l'Asie à l'occasion de la cinquième Assemblée plénière de la Fédération de leurs Conférences épiscopales (23 juin 1990), n. 4 : *L'Osservatore Romano,* 18 juillet 1990.

101. CONC. ŒCUM. VAT. II, Const. dogm. sur l'Église *Lumen gentium,* n. 14 ; cf. Décret sur l'activité missionnaire de l'Église *Ad gentes,* n. 7.

102. Cf. CONC. ŒCUM. VAT. II, Décret sur l'œcuménisme *Unitatis redintegratio,* n. 3 ; Décret sur l'activité missionnaire de l'Église *Ad gentes,* n. 7.

exigences et sa dignité propres ; il est demandé par le profond respect qu'on doit avoir envers tout ce que l'Esprit, qui « souffle où il veut », a opéré en l'homme [103]. Grâce au dialogue, l'Église entend découvrir les « semences du Verbe » [104], les « rayons de la vérité qui illumine tous les hommes » [105], semences et rayons qui se trouvent dans les personnes et dans les traditions religieuses de l'humanité. Le dialogue est fondé sur l'espérance et la charité, et il portera des fruits dans l'Esprit. Les autres religions constituent un défi positif pour l'Église d'aujourd'hui ; en effet, elles l'incitent à découvrir et à reconnaître les signes de la présence du Christ et de l'action de l'Esprit, et aussi à approfondir son identité et à témoigner de l'intégrité de la Révélation dont elle est dépositaire pour le bien de tous.

On voit par là quel esprit doit animer ce dialogue dans le contexte de la mission. L'interlocuteur doit être cohérent avec ses traditions et ses convictions religieuses et ouvert à celles de l'autre pour les comprendre, sans dissimulation ni fermeture, mais dans la vérité, l'humilité, la loyauté, en sachant bien que le dialogue peut être une source d'enrichissement pour chacun. Il ne doit y avoir ni capitulation, ni irénisme, mais témoignage réciproque en vue d'un progrès des uns et des autres sur le chemin de la recherche et de l'expérience religieuses et aussi en vue de surmonter les préjugés, l'intolérance et les malentendus. Le dialogue tend à la purification et à la conversion intérieure qui, si elles se font dans la docilité à l'Esprit, seront spirituellement fructueuses.

57. Un vaste domaine est ouvert au dialogue qui peut

---

103. Cf. Encycl. *Redemptor hominis,* n. 12 : *l.c.,* p. 279.

104. Conc. Œcum. Vat. II, Décret sur l'activité missionnaire de l'Église *Ad gentes,* nn. 11-15.

105. Conc. Œcum. Vat. II, Déclaration sur les relations de l'Église avec les religions non chrétiennes *Nostra aetate,* n. 2.

revêtir des formes et des expressions multiples : depuis les échanges entre experts de traditions religieuses ou entre représentants officiels de celles-ci jusqu'à la collaboration pour le développement intégral et la sauvegarde des valeurs religieuses ; de la communication des expériences spirituelles respectives à ce qu'il est convenu d'appeler « le dialogue de vie », à travers lequel les croyants de diverses confessions témoignent les uns pour les autres, dans l'existence quotidienne, de leurs valeurs humaines et spirituelles et s'entraident à en vivre pour édifier une société plus juste et plus fraternelle.

Tous les fidèles et toutes les communautés chrétiennes sont appelés à pratiquer le dialogue, même si ce n'est pas au même niveau et sous des modalités identiques. Pour ce dialogue, la contribution des laïcs est indispensable : « Par l'exemple de leur vie et par leur action, les fidèles laïcs peuvent améliorer les rapports entre les adeptes des différentes religions » [106], et, de plus, certains d'entre eux seront en mesure de contribuer à la recherche et à l'étude [107].

Sachant que pour beaucoup de missionnaires et de communautés chrétiennes la voie difficile et souvent incomprise du dialogue constitue l'unique manière de rendre un témoignage sincère au Christ et un service généreux à l'homme, je désire les encourager à persévérer avec foi et amour, là même où leurs efforts ne rencontrent ni attention ni réponse. Le dialogue est un chemin vers le Royaume et il donnera sûrement ses fruits, même si les temps et les moments sont réservés au Père (cf. *Ac* 1, 7).

---

106. Exhort. ap. post-synodale *Christifideles laici,* n. 35 : *l.c.,* p. 458.

107. Cf. CONC. ŒCUM. VAT. II, Décret sur l'activité missionnaire de l'Église *Ad gentes,* n. 41.

Promouvoir le développement en éduquant les consciences

58. La mission *ad gentes* se déroule encore aujourd'hui, pour une grande partie, dans les régions de l'hémisphère Sud, là où l'action pour le développement intégral et la libération de toute oppression est la plus urgente. L'Église a toujours su éveiller, parmi les populations qu'elle a évangélisées, un élan vers le progrès, et aujourd'hui, plus que dans le passé, les gouvernements et les experts internationaux reconnaissent que les missionnaires sont aussi des *promoteurs du développement* et ils admirent les remarquables résultats obtenus avec très peu de moyens.

Dans l'encyclique *Sollicitudo rei socialis,* j'ai déclaré que « l'Église n'a pas de solutions techniques à offrir face au problème du sous-développement comme tel », mais qu'« elle apporte sa première contribution à la solution du problème urgent du développement quand elle proclame la vérité sur le Christ, sur elle-même et sur l'homme, en l'appliquant à une situation concrète » [108]. La Conférence des évêques latino-américains à Puebla a affirmé que « le meilleur service à rendre à l'homme est l'évangélisation qui le dispose à s'épanouir comme fils de Dieu, le libère des injustices et encourage son développement intégral » [109]. La mission de l'Église n'est pas d'agir directement sur le plan économique, technique, politique, ou de contribuer matériellement au développement, mais elle consiste essentiellement à offrir aux peuples non pas « plus d'avoir » mais « plus d'être », en réveillant les consciences par l'Évangile. « Le

108. Encycl. *Sollicitudo rei socialis* (30 décembre 1987), n. 41 : *AAS* 80 (1988), pp. 570-571.

109. *Documents* de la troisième Conférence générale de l'épiscopat latino-américain, Puebla (1979), 3760 (1145).

développement humain authentique doit se fonder sur une évangélisation toujours plus profonde[110]. »

L'Église et les missionnaires sont des promoteurs du développement grâce à leurs écoles, à leurs hôpitaux, à leurs imprimeries, à leurs universités, à leurs exploitations agricoles expérimentales. Toutefois, le développement d'un peuple ne vient pas d'abord de l'argent, ni des aides matérielles, ni des structures techniques, mais bien plutôt de la formation des consciences, du mûrissement des mentalités et des comportements. *C'est l'homme qui est le protagoniste du développement,* et non pas l'argent ni la technique. L'Église éduque les consciences en révélant aux peuples le Dieu qu'ils cherchent sans le connaître, en leur révélant la grandeur de l'homme créé à l'image de Dieu et aimé par lui, en leur révélant l'égalité de tous les hommes comme fils de Dieu, leur empire sur la création qui est mise à leur service, leur devoir de s'engager pour le développement de tout l'homme et de tous les hommes.

59. Par le message évangélique, l'Église apporte une force qui libère et qui agit en faveur du développement, précisément parce qu'il amène à la conversion du cœur et de l'esprit, parce qu'il fait reconnaître la dignité de chacun, parce qu'il dispose à la solidarité, à l'engagement, au service d'autrui et qu'il insère l'homme dans le projet de Dieu, qui est de construire un Royaume de paix et de justice dès cette vie. C'est la perspective biblique des « cieux nouveaux et de la terre nouvelle » (cf. *Is* 65, 17 ; *2 P* 3, 13 ; *Ap* 21, 1), qui a été dans l'histoire le stimulant et le but de la marche en avant de l'humanité. Le développement de l'homme vient de Dieu, du modèle qu'est Jésus homme-Dieu, et il doit

110. *Discours* aux évêques, aux prêtres, aux religieuses et aux religieux, Djakarta, 10 décembre 1989, n. 5 : *L'Osservatore Romano,* 11 octobre 1989.

conduire à Dieu [111]. C'est la raison pour laquelle il y a un lien étroit entre l'annonce de l'Évangile et la promotion de l'homme.

La contribution de l'Église et de l'évangélisation au développement des peuples ne concerne pas seulement l'hémisphère Sud pour y combattre la misère matérielle et le sous-développement, mais également l'hémisphère Nord exposé à la misère morale et spirituelle engendrée par le « sur-développement [112] ». Une certaine modernité a-religieuse, qui prévaut dans diverses régions du monde, se fonde sur l'idée que, pour rendre l'homme plus homme, il suffit de s'enrichir et de poursuivre la croissance technique et économique. Mais un développement sans âme ne peut suffire à l'homme, et l'excès d'opulence est nocif pour lui tout comme l'excès de pauvreté. C'est le « modèle de développement » qu'a édifié l'hémisphère Nord et qu'il répand dans le Sud, où le sens religieux et les valeurs humaines qui s'y trouvent risquent d'être emportés par l'envahissement de la consommation.

« Changer de vie pour lutter contre la faim », tel est le slogan qui est apparu dans des milieux ecclésiaux et qui montre aux peuples riches le chemin pour devenir frères des peuples pauvres : il faut revenir à une vie plus austère afin de favoriser un nouveau modèle de développement intégrant les valeurs éthiques et religieuses. *L'activité missionnaire* apporte aux pauvres lumière et encouragement pour leur véritable développement. *La nouvelle évangélisation* devra entre autres faire prendre conscience aux riches que l'heure est venue de se montrer réellement frères des pauvres, grâce à une conversion commune au « développement intégral » ouvert sur l'Absolu [113].

---

111. Cf. PAUL VI, Encycl. *Populorum progressio,* nn. 14-21, 40-42 : *l.c.,* pp. 264-268, 277-278 ; JEAN-PAUL II, Encycl. *Sollicitudo rei socialis,* nn. 27-41 : *l.c.,* pp. 547-572.

112. Cf. Encycl. *Sollicitudo rei socialis,* n. 28 : *l.c.,* pp. 548-550.

113. Cf. *ibid.,* chap. IV, nn. 27-34 : *l.c.,* pp. 547-560; PAUL VI, Encycl. *Populorum progressio,* nn. 19-21, 41-42 : *l.c.,* pp. 266-268, 277-278.

60. « L'Église dans le monde entier – ai-je déclaré durant ma visite au Brésil – veut être l'Église des pauvres (...). Elle veut mettre en lumière toute la vérité contenue dans les Béatitudes du Christ, et surtout dans la première : "Bienheureux les pauvres de cœur". Elle veut enseigner cette vérité et la mettre en pratique, comme Jésus est venu le faire et l'enseigner [114]. »

Les jeunes Églises, qui vivent la plupart du temps parmi des populations souffrant d'une grande pauvreté, expriment souvent cette préoccupation comme une partie intégrante de leur mission. La Conférence générale de l'épiscopat latino-américain à Puebla, après avoir rappelé l'exemple de Jésus, écrit que « les pauvres méritent une attention préférentielle, quelle que soit la situation morale ou personnelle dans laquelle ils se trouvent. Ils sont faits à l'image et à la ressemblance de Dieu (...) pour être ses enfants, mais cette image est ternie et même outragée. Aussi, Dieu prend leur défense et les aime (...). Il s'ensuit que les premiers destinataires de la mission sont les pauvres (...), et que leur évangélisation est par excellence un signe et une preuve de la mission de Jésus » [115].

Fidèle à l'esprit des Béatitudes, l'Église est appelée à partager avec les pauvres et avec les opprimés de toute sorte. C'est pourquoi j'exhorte tous les disciples du Christ et toutes les communautés chrétiennes, des familles aux diocèses, des paroisses aux Instituts religieux, à faire une révision de vie sincère, dans le sens de la solidarité avec les pauvres. En même temps, je remercie les missionnaires qui, par leur présence aimante et leur humble service, œuvrent en vue du

114. *Discours* aux habitants de la « favela Vidigal » à Rio de Janeiro, 2 juillet 1980, n. 4 : *AAS* 72 (1980), p. 854.

115. *Documents* de la troisième Conférence générale de l'épiscopat latino-américain, Puebla, 3757 (1142).

développement intégral de la personne et de la société, grâce aux écoles, aux centres sanitaires, aux léproseries, aux maisons d'accueil pour les personnes handicapées et les vieillards, aux initiatives pour la promotion de la femme, et d'autres encore. Je remercie les prêtres, les religieux, les religieuses et les laïcs pour leur dévouement et j'adresse mes encouragements aux volontaires des Organisations non gouvernementales, aujourd'hui toujours plus nombreux, qui se consacrent à ces œuvres de charité et de promotion humaine.

Ce sont en effet ces œuvres qui témoignent de l'âme de toute l'activité missionnaire, c'est-à-dire de *l'amour* qui est et reste *le moteur de la mission* et qui est également « l'unique critère selon lequel tout doit être fait ou ne pas être fait, changé ou ne pas être changé. C'est le principe qui doit diriger toute action, et la fin à laquelle elle doit tendre. Quand on agit selon la charité ou quand on est mû par la charité, rien n'est désavantageux et tout est bon »[116].

116. Isaac de L'Étoile, *Sermon* 31 : *PL* 194, 1793.

Chapitre VI

LES RESPONSABLES ET LES AGENTS DE LA PASTORALE MISSIONNAIRE

61. Il n'y a pas de témoignage sans témoins, de même qu'il n'y a pas de mission sans missionnaires. Pour collaborer à sa mission et continuer son œuvre de salut, Jésus choisit et envoie des personnes qui seront ses témoins et ses apôtres : « Vous serez mes témoins à Jérusalem, dans toute la Judée et la Samarie, et jusqu'aux extrémités de la terre » (*Ac* 1, 8).

Les Douze sont les premiers agents de la mission universelle : ils constituent un « sujet collégial » de la mission, eux qui ont été choisis par Jésus pour être avec lui, et envoyés « aux brebis perdues de la maison d'Israël » (*Mt* 10, 6). Cette collégialité n'empêche pas que, dans le groupe, se distinguent des figures particulières comme Jacques, Jean, et par-dessus tout Pierre dont la personne est tellement en relief que l'expression « Pierre et les autres Apôtres » (*Ac* 2, 14.37) s'en trouve justifiée. Grâce à lui, s'ouvrent les horizons de la mission universelle, où excellera par la suite Paul qui, par la volonté de Dieu, fut appelé et envoyé parmi les païens (cf. *Ga* 1, 15-16).

Dans les premiers temps de l'expansion missionnaire, nous trouvons, à côté des Apôtres, d'autres agents moins en vue qu'il ne faut pas oublier : il y a des personnes, des groupes, des communautés. La communauté d'Antioche est un exemple typique d'Église locale qui, d'évangélisée, se fait évangélisatrice et envoie ses missionnaires parmi les païens (cf. *Ac* 13, 2-3). L'Église primitive vit la mission comme une tâche communautaire, tout en reconnaissant en son sein des « envoyés spéciaux » ou « missionnaires consacrés aux païens », comme Paul et Barnabé.

62. Ce qui a été fait au début du christianisme pour la mission universelle conserve sa valeur et son urgence aujourd'hui. *L'Église est missionnaire par nature,* car le précepte du Christ n'est pas quelque chose de contingent ni d'extérieur, mais il est au cœur même de l'Église. Il en résulte que toute l'Église, que chaque Église, est envoyée aux païens. Les jeunes Églises elles-mêmes, précisément « pour que ce zèle missionnaire fleurisse chez les membres de leur patrie », doivent « dès que possible, participer effectivement à la mission universelle de l'Église en envoyant elles aussi des missionnaires pour annoncer l'Évangile par toute la terre, même si elles souffrent d'une pénurie de clergé » [117]. Beaucoup le font déjà et je les encourage vivement à continuer.

Le caractère authentiquement et pleinement missionnaire trouve son expression dans ce lien essentiel de communion entre l'Église universelle et les Églises particulières : « En un monde qui devient toujours plus petit par suite de l'abolition des distances, les communautés ecclésiales doivent s'unir entre elles, échanger leurs énergies et leurs moyens, s'engager ensemble dans l'unique et commune mission d'annoncer et de vivre l'Évangile. Les "jeunes Églises" (...) ont besoin de la force des Églises anciennes, et en même temps celles-ci ont besoin du témoignage et de l'impulsion des jeunes Églises, de sorte que chacune de ces Églises puise dans les richesses des autres [118]. »

---

117. Conc. œcum. Vat. II, Décret sur l'activité missionnaire de l'Église *Ad gentes,* n. 20.

118. Exhort. ap. post-syndicale *Christifideles laici,* n. 35 : *l.c.,* p. 458.

Les premiers responsables de l'activité missionnaire

63. De même que le Seigneur ressuscité confia le précepte de la mission universelle au collège apostolique, avec Pierre à sa tête, de même cette responsabilité incombe avant tout au collège des évêques, avec à sa tête le successeur de Pierre[119]. Conscient de cette responsabilité, lors de mes rencontres avec les évêques, je ressens le devoir de m'en entretenir avec eux dans la perspective de la nouvelle évangélisation ou de la mission universelle. J'ai entrepris de parcourir les chemins du monde, « pour annoncer l'Évangile, pour "confirmer mes frères" dans la foi, pour consoler l'Église, pour rencontrer l'homme. Ce sont des voyages de foi (...). Ce sont des occasions de catéchèse itinérante, d'annonce évangélique dans le prolongement, à toutes les latitudes, de l'Évangile et du magistère apostolique étendus aux sphères planétaires d'aujourd'hui »[120].

Mes frères évêques sont, avec moi, directement responsables de l'évangélisation du monde, en tant que membres du collège épiscopal et en tant que pasteurs des Églises particulières. À ce sujet, le Concile déclare : « Le soin d'annoncer l'Évangile sur toute la terre revient au corps des pasteurs : à eux tous, en commun, le Christ a donné mandat[121]... » Il affirme également que les évêques « ont été consacrés non seulement pour un diocèse, mais pour le salut du monde entier »[122]. Cette responsabilité collégiale a des conséquences pratiques. Ainsi, « le Synode des évêques (...) doit avoir parmi les affaires d'importance géné-

---

119. Cf. Conc. œcum. Vat. II, Décret sur l'activité missionnaire de l'Église *Ad gentes,* n. 38.

120. *Discours* aux membres du Sacré Collège et à tous les collaborateurs de la Curie romaine, de la Cité du Vatican et du Vicariat de Rome, 28 juin 1980, n. 10; *Insegnamenti* III/1 (1980), p. 1887.

121. Const. dogm. sur l'Église *Lumen gentium,* n. 23.

122. Décret sur l'activité missionnaire de l'Église *Ad gentes,* n. 38.

rale un souci spécial de l'activité missionnaire, qui est la charge la plus importante et la plus sacrée de l'Église »[123]. Cette même responsabilité rejaillit, à des degrés divers, sur les Conférences épiscopales et sur leurs organismes au niveau continental, qui ont donc une contribution propre à apporter à l'effort missionnaire[124].

Le rôle missionnaire de chaque évêque, en tant que pasteur d'une Église particulière, est vaste lui aussi. Il lui revient, « comme chef et centre de l'unité dans l'apostolat diocésain, de promouvoir l'activité missionnaire, de la diriger, de la coordonner (...). L'évêque doit veiller en outre à ce que l'activité apostolique ne soit pas limitée aux seuls convertis mais à ce qu'une juste part d'ouvriers et de subsides soit destinée à l'évangélisation des non-chrétiens »[125].

64. Chaque Église particulière doit s'ouvrir généreusement aux besoins des autres. La collaboration entre les Églises, dans une réelle réciprocité qui les dispose à donner et à recevoir, est aussi une source d'enrichissement pour toutes et elle concerne les divers secteurs de la vie ecclésiale. À cet égard, la déclaration des évêques à Puebla reste exemplaire : « Enfin l'heure est arrivée, pour l'Amérique latine, (...) d'aller au-delà de ses frontières, *ad gentes*. Il est certain que nous avons encore besoin nous-mêmes de missionnaires, mais nous devons donner de notre pauvreté[126]. »

C'est dans cet esprit que j'invite les évêques et les Conférences épiscopales à mettre généreusement en pratique ce qui est prévu dans les *Directives* que la Congrégation pour le Clergé a publiées pour la collaboration entre les

123. *Ibid.*, n. 29.
124. Cf. *ibid.*, n. 38.
125. *Ibid.*, n. 30.
126. *Documents* de la troisième Conférence générale de l'épiscopat latino-américain, Puebla, 2941 (368).

Églises particulières et spécialement pour une meilleure répartition du clergé dans le monde [127].

La mission de l'Église est plus large que la « communion entre les Églises » : elle doit non seulement assurer l'aide pour la réévangélisation, mais aussi et surtout être orientée dans le sens de l'activité spécifiquement missionnaire. J'en appelle à toutes les Églises, jeunes et anciennes, pour qu'elles partagent avec moi cette préoccupation, en travaillant à l'accroissement des vocations missionnaires et en surmontant les difficultés.

MISSIONNAIRES ET INSTITUTS *AD GENTES*

65. Parmi les agents de la pastorale missionnaire, les personnes et les institutions auxquelles le décret *Ad gentes* consacre un chapitre spécial intitulé « Les missionnaires » [128] occupent toujours, comme par le passé, une place d'une importance fondamentale. Ici s'impose une réflexion approfondie avant tout pour les missionnaires eux-mêmes qui, par suite des changements que connaît la mission, peuvent être amenés à ne plus comprendre le sens de leur vocation, à ne plus savoir de façon précise ce que l'Église attend d'eux aujourd'hui.

La donnée de base est constituée par cette déclaration du Concile : « Bien qu'à tout disciple du Christ incombe pour sa part la charge de répandre la foi, le Christ Seigneur appelle toujours parmi ses disciples ceux qu'il veut, pour qu'ils soient avec lui et pour les envoyer prêcher aux peuples païens (...). Aussi par l'Esprit Saint, qui partage comme il

---

127. Cf. Directives pour la promotion de la coopération entre les Églises particulières et spécialement pour une répartition plus adaptée du clergé *Postquam Apostoli* (25 mars 1980) : *AAS* 72 (1980), pp. 343-364.

128. Cf. Décret sur l'activité missionnaire de l'Église *Ad gentes*, chap. IV, nn. 23-27.

lui plaît les charismes pour le bien de l'Église (...), inspire-t-il la vocation missionnaire dans le cœur de certains individus et suscite-t-il en même temps dans l'Église des instituts qui se chargent comme d'un office propre de la mission d'évangélisation qui appartient à toute l'Église [129]. »

Il s'agit donc d'une « vocation spéciale », modelée sur celle des Apôtres. Elle se manifeste dans le caractère absolu de l'engagement au service de l'évangélisation, un engagement qui prend toute la personne et toute la vie du missionnaire, exigeant de lui un don sans limites de ses forces et de son temps. Quant à ceux qui ont cette vocation, « envoyés par l'autorité légitime, ils partent dans la foi et l'obéissance vers ceux qui sont loin du Christ, mis à part pour l'œuvre en vue de laquelle ils ont été choisis (...) comme ministres de l'Évangile » [130]. Les missionnaires doivent sans cesse méditer sur la réponse exigée par le don qu'ils ont reçu et entretenir leur formation doctrinale et apostolique.

66. Les Instituts missionnaires, de leur côté, emploieront toutes les ressources nécessaires, mettant à profit leur expérience et leur créativité dans la fidélité au charisme de leur origine, pour préparer comme il convient les candidats et assurer le renouvellement des énergies spirituelles, morales et physiques de leurs membres [131]. Ils se considéreront comme à part entière dans la communauté ecclésiale et ils agiront en communion avec elle. En effet, « tout Institut est né pour l'Église et est tenu de l'enrichir de ses éléments caractéristiques marqués par un esprit particulier et une mission spécifique » ; les évêques eux-mêmes sont les gardiens de cette fidélité au charisme de l'origine [132].

---

129. *Ibid.*, n. 23.

130. *Ibid.*

131. Cf. *ibid.*, nn. 23-27.

132. Cf. S. Congrégation pour les Religieux et les Instituts séculiers et S. Congrégation pour les Évêques, Directives pour les rapports entre les évêques et

Les Instituts missionnaires sont nés généralement dans les Églises de chrétienté ancienne et, historiquement, ils ont été des instruments de la Congrégation *de Propaganda Fide* pour la diffusion de la foi et la fondation de nouvelles Églises. Ils accueillent aujourd'hui, et de plus en plus, des candidats provenant des jeunes Églises qu'ils ont fondées, tandis que de nouveaux Instituts sont nés précisément dans les pays qui auparavant recevaient seulement des missionnaires et qui aujourd'hui en envoient. Il faut louer cette double tendance qui montre la valeur et l'actualité de la vocation missionnaire spécifique de ces Instituts, lesquels « demeurent absolument nécessaires » [133], non seulement pour l'activité missionnaire *ad gentes* selon leur tradition, mais aussi pour l'animation missionnaire tant dans les Églises de chrétienté ancienne que dans les jeunes Églises.

La vocation spéciale des missionnaires *ad vitam* conserve toute sa valeur : elle est le paradigme de l'engagement missionnaire de l'Église, qui a toujours besoin que certains se donnent radicalement et totalement, qui a toujours besoin d'élans nouveaux et audacieux. Que les missionnaires, hommes et femmes, qui ont consacré toute leur vie à témoigner du Ressuscité parmi les nations, ne se laissent donc pas effrayer par des doutes, des incompréhensions, des refus, des persécutions. Qu'ils réveillent la grâce de leur charisme spécifique et reprennent leur route avec courage, en préférant – en esprit de foi, d'obéissance et de communion avec leurs Pasteurs – les postes les plus humbles et les plus difficiles !

---

les religieux dans l'Église *Mutuae relationes* (14 mai 1978), n. 14 b : *AAS* 70 (1978), p. 482 ; cf. n. 28 : *l.c.*, p. 490.

133. Conc. œcum. Vat. II, Décret sur l'activité missionnaire de l'Église *Ad gentes*, n. 27.

PRÊTRES DIOCÉSAINS POUR LA MISSION UNIVERSELLE

67. Collaborateurs de l'évêque, les prêtres, en vertu du sacrement de l'Ordre, sont appelés à partager la sollicitude pour la mission : « Le don spirituel que les prêtres ont reçu à l'ordination les prépare, non pas à une mission limitée et restreinte, mais à *une mission de salut d'ampleur universelle,* "jusqu'aux extrémités de la terre" (...) ; n'importe quel ministère sacerdotal participe, en effet, aux dimensions universelles de la mission confiée par le Christ aux Apôtres [134]. » Pour cette raison, la formation même des candidats au sacerdoce doit viser à leur donner « ce *véritable esprit catholique* qui les habituera à dépasser les limites de leur diocèse, de leur nation ou de leur rite pour subvenir aux besoins de l'Église entière, prêts au fond du cœur à prêcher l'Évangile en quelque lieu que ce soit » [135]. Tous les prêtres doivent avoir un cœur et une mentalité missionnaires, être ouverts aux besoins de l'Église et du monde, attentifs aux plus éloignés et surtout aux groupes non chrétiens de leur milieu. Dans la prière et en particulier dans le sacrifice eucharistique, ils porteront la sollicitude de toute l'Église pour l'ensemble de l'humanité.

Plus spécialement, les prêtres qui se trouvent dans des zones à minorité chrétienne doivent être mus par un zèle et une volonté missionnaires particuliers ; le Seigneur, en effet, leur confie non seulement la sollicitude pastorale de la communauté chrétienne, mais aussi et surtout l'évangélisation de leurs compatriotes qui ne font pas partie de son troupeau. Ils « ne manqueront pas de se rendre effectivement

---

134. CONC. ŒCUM. VAT. II, Décret sur le ministère et la vie des prêtres *Presbyterorum ordinis,* n. 10 ; cf. Décret sur l'activité missionnaire de l'Église *Ad gentes,* n. 39.

135. CONC. ŒCUM. VAT. II, Décret sur la formation des prêtres *Optatam totius,* n. 20. Cf. « Guide de vie pastorale pour les prêtres diocésains des Églises qui dépendent de la Congrégation pour l'Évangélisation des Peuples », Rome, 1989.

disponibles à l'égard de l'Esprit Saint et de l'évêque, afin d'être envoyés pour prêcher l'Évangile au-delà des frontières de leur pays. Cela exigera d'eux non seulement la maturité dans la vocation, mais aussi une capacité peu commune de se détacher de leur patrie, de leur ethnie, de leur famille, et une aptitude remarquable à s'intégrer dans d'autres cultures, avec intelligence et respect »[136].

68. Dans l'encyclique *Fidei donum,* Pie XII, avec une intuition prophétique, encouragea les évêques à donner quelques-uns de leur prêtres pour un service temporaire des Églises d'Afrique, approuvant en même temps les initiatives qui existaient déjà dans ce domaine. Vingt-cinq ans plus tard, j'ai voulu souligner la grande nouveauté de ce document « qui a fait dépasser la dimension territoriale du service presbytéral pour l'ouvrir à l'Église tout entière »[137]. Aujourd'hui, la valeur et la fécondité de cette expérience sont confirmées; en effet, ceux qu'on appelle les prêtres *Fidei donum* mettent en évidence d'une manière singulière les liens de communion entre les Églises, ils fournissent un précieux apport à la croissance de communautés ecclésiales dans le besoin, et de leur côté ils reçoivent d'elles la fraîcheur et la vitalité de leur foi. Il faut, bien sûr, que le service missionnaire du prêtre diocésain réponde à certains critères et à certaines conditions. On doit envoyer des prêtres choisis parmi les meilleurs, aptes et dûment préparés à la tâche particulière qui les attend[138]. Ils devront s'intégrer dans le nouveau milieu ecclésial qui les accueille avec un esprit ouvert et fraternel, et ils constitueront un unique presbyte-

136. *Discours* aux participants à la réunion plénière de la Congrégation pour l'Évangélisation des Peuples, 14 avril 1989, n. 4 : *AAS* 81 (1989), p. 1140.

137. *Message* pour la Journée mondiale des missions 1982 : *Insegnamenti* V/2 (1982), p. 1879.

138. CONC. ŒCUM. VAT. II, Décret sur l'activité missionnaire de l'Église *Ad gentes,* n. 38; S. CONGRÉGATION POUR LE CLERGÉ, Directives *Postquaam Apostoli,* nn. 24-25 : *l.c.,* p. 361.

rium avec les prêtres du lieu, sous l'autorité de l'évêque[139]. Je souhaite que l'esprit de service de ces prêtres augmente au sein du presbyterium des Églises anciennes et qu'il se développe dans celui des Églises plus récentes.

LA FÉCONDITÉ MISSIONNAIRE DE LA CONSÉCRATION

69. Dans la richesse inépuisable et multiforme de l'Esprit, prennent place les vocations des *Instituts de vie consacrée,* dont les membres, puisqu'ils « se vouent au service de l'Église en vertu même de leur consécration, sont tenus par l'obligation de travailler de manière spéciale à l'œuvre missionnaire, selon le mode propre à leur Institut »[140]. L'histoire atteste les grands mérites des familles religieuses dans la propagation de la foi et dans la formation de nouvelles Églises, depuis les antiques Institutions monastiques et les Ordres médiévaux jusqu'aux Congrégations modernes.

a) À la suite du Concile, j'invite les *Instituts de vie contemplative* à établir des communautés dans les jeunes Églises afin de rendre, « parmi les non-chrétiens, un magnifique témoignage de la majesté et de la charité de Dieu, et de l'union dans le Christ »[141]. Cette présence est partout bienfaisante dans le monde non chrétien, spécialement dans les régions où les religions ont une grande estime pour la vie contemplative à cause de l'ascèse et de la recherche de l'Absolu.

---

139. Cf. S. CONGRÉGATION POUR LE CLERGÉ, Directives *Postquam Apostoli,* n. 29 : *l.c.,* pp. 362-363 ; CONC. ŒCUM. VAT. II, Décret sur l'activité missionnaire de l'Église *Ad gentes,* n. 20.

140. *Code de Droit canonique,* can. 783.

141. Décret sur l'activité missionnaire de l'Église *Ad gentes,* n. 40.

b) Je rappelle aux *Instituts de vie active* qu'ils ont devant eux les immenses espaces de la charité, de l'annonce de l'Évangile, de l'éducation chrétienne, de la culture et de la solidarité avec les pauvres, les victimes de la discrimination, les marginaux et les opprimés. Ces Instituts, qu'ils poursuivent ou non une fin strictement missionnaire, doivent se demander s'ils peuvent et s'ils veulent étendre leur activité en vue de l'expansion du règne de Dieu. Cette demande a été accueillie positivement, ces tout derniers temps, par de nombreux Instituts, mais je voudrais qu'elle soit davantage étudiée et mise en pratique en vue d'un service authentique. L'Église doit faire connaître les grandes valeurs évangéliques dont elle est porteuse, et personne ne témoigne de façon plus convaincante de ces valeurs que ceux qui font profession de vie consacrée dans la chasteté, la pauvreté et l'obéissance, par un don total à Dieu et une pleine disponibilité pour servir l'homme et la société à l'exemple du Christ [142].

70. J'adresse un mot spécial d'estime aux religieuses missionnaires, chez qui la virginité pour le Royaume se traduit en multiples fruits de maternité spirituelle : la mission *ad gentes* leur offre précisément un vaste champ afin d'y réaliser un « don de soi pour aimer, de manière totale et sans partage » [143]. L'exemple et l'activité de la femme vierge, consacrée à l'amour de Dieu et du prochain, spécialement le plus pauvre, sont indispensables en tant que signes évangéliques auprès des peuples et des cultures où la femme doit encore parcourir un long chemin vers sa promotion humaine et sa libération. Je souhaite que beaucoup de jeunes femmes chrétiennes se sentent attirées par ce don de soi généreux au Christ, et qu'elles puisent dans leur consécration la force et la joie de témoigner de lui parmi les peuples qui l'ignorent.

142. Cf. PAUL VI, Exhort. ap. *Evangelii nuntiandi,* n. 69 : *l.c.,* pp. 58-59.

143. Lettre ap. *Mulieris dignitatem* (15 août 1988), n. 20 : *AAS* 80 (1988), p. 1703.

TOUS LES LAÏCS SONT MISSIONNAIRES EN VERTU DE LEUR BAPTÊME

71. Les papes de ces derniers temps ont beaucoup insisté sur l'importance du rôle des laïcs dans l'activité missionnaire [144]. Dans l'exhortation *Christifideles laici,* j'ai, moi aussi, parlé explicitement de « la mission permanente qui est celle de porter l'Évangile à tous ceux – et ils sont des millions et des millions d'hommes et de femmes – qui ne connaissent pas encore le Christ Rédempteur de l'homme » [145] et de l'engagement correspondant des fidèles laïcs. La mission concerne tout le Peuple de Dieu : même si la fondation d'une nouvelle Église exige l'Eucharistie, et donc le ministère sacerdotal, la mission, qui s'effectue sous des formes diverses, est la tâche de tous les fidèles.

La participation des laïcs à la diffusion de la foi apparaît clairement dès les premiers temps du christianisme, grâce à l'action des fidèles et des familles comme de la communauté tout entière. Pie XII le rappelait déjà en exposant dans sa première encyclique missionnaire l'histoire des missions laïques [146]. La participation active des missionnaires laïcs, hommes et femmes, n'a pas manqué non plus dans les temps modernes. Comment ne pas rappeler le rôle important tenu par les missionnaires laïques, leur travail dans les familles, dans les écoles, dans la vie politique, sociale et culturelle, et en particulier l'enseignement de la doctrine chrétienne qu'elles assurent ? Il faut même reconnaître – et c'est tout à leur honneur – que certaines Églises sont nées grâce à l'activité des laïcs missionnaires, hommes et femmes.

Le Concile Vatican II a confirmé cette tradition, mettant

---

144. Cf. PIE XII, Encycl. *Evangelii praecones : l.c.,* pp. 510 et suiv. ; Encycl. *Fidei donum : l.c.,* pp. 228 et suiv. ; JEAN XXIII, Encycl. *Princeps Pastorum : l.c.,* pp. 855 et suiv. ; PAUL VI, Exhort. ap. *Evangelii nuntiandi,* nn. 70-73 ; *l.c.,* pp. 59-63.
145. Exhort. ap. post-syndicale *Christifideles laici,* n. 35 : *l.c.,* p. 457.
146. Cf. Encycl. *Evangelii praecones : l.c.,* pp. 510-514.

en lumière le caractère missionnaire de tout le Peuple de Dieu, en particulier l'apostolat des laïcs [147], et soulignant la contribution spécifique que ceux-ci sont appelés à apporter à l'activité missionnaire [148]. La nécessité pour tous les fidèles de partager une telle responsabilité n'est pas seulement une question d'efficacité apostolique : c'est un devoir et un droit fondés sur la dignité conférée par le baptême, en raison de laquelle « les fidèles laïcs participent, pour leur part, à la triple fonction de Jésus Christ : sacerdotale, prophétique et royale » [149]. C'est pourquoi ils « sont tenus par l'obligation générale et jouissent du droit, individuellement ou groupés en associations, de travailler à ce que le message divin du salut soit connu et reçu par tous les hommes et par toute la terre ; cette obligation est encore plus pressante lorsque ce n'est que par eux que les hommes peuvent entendre l'Évangile et connaître le Christ » [150]. En outre, vu le caractère séculier qui leur est propre, ils ont pour vocation particulière de « chercher le règne de Dieu à travers la gérance des choses temporelles qu'ils ordonnent selon Dieu » [151].

72. Les domaines où les laïcs sont présents et exercent une action missionnaire sont très étendus. Le premier de ces domaines, « c'est le monde vaste et complexe de la politique, de la vie sociale, de l'économie... » [152], sur le plan local, national et international. À l'intérieur de l'Église, on trouve divers types de services, de fonctions, de ministères et de formes d'animation de la vie chrétienne. Je rappelle, comme une nouveauté que nombre d'Églises ont vue naître ces

147. Cf. Const. dogm. sur l'Église *Lumen gentium,* nn. 17.33 et suiv.

148. Cf. Décret sur l'activité missionnaire de l'Église *Ad gentes,* nn. 35-36, 41.

149. Exhort. ap. post-synodale *Christifideles laici,* n. 14 : *l.c.,* p. 410.

150. *Code de Droit canonique,* can. 225, § 1 ; cf. Conc. Œcum, Vat. II, Décret sur l'apostolat des laïcs *Apostolicam actuositatem,* nn. 6.13.

151. Conc. Œcum. Vat. II, Const. dogm. sur l'Église *Lumen gentium,* n. 31 ; cf. *Code de Droit canonique,* can. 225, § 2.

152. Paul VI, Exhort. ap. *Evangelii nuntiandi,* n. 70 : *l.c.,* p. 60.

derniers temps, le grand développement des « Mouvements ecclésiaux », doués de dynamisme missionnaire. Lorsqu'ils s'insèrent avec humilité dans la vie des Églises locales et qu'ils sont accueillis cordialement par les évêques et les prêtres dans les structures diocésaines et paroissiales, les Mouvements représentent un véritable don de Dieu pour la nouvelle évangélisation et pour l'activité missionnaire proprement dite. Je recommande donc qu'on les développe et que l'on recoure à eux pour redonner de la vigueur, surtout chez les jeunes, à la vie chrétienne et à l'évangélisation, dans une vision pluraliste des formes d'association et d'expression.

Dans l'activité missionnaire, il faut valoriser les diverses façons dont se présente le laïcat, tout en respectant la nature et la finalité de chacune : associations du laïcat missionnaire, organismes chrétiens de volontariat international, mouvements ecclésiaux, groupes et associations de tout genre doivent s'engager dans la mission *ad gentes* et dans la collaboration avec les Églises locales. Ainsi sera favorisée la croissance d'un laïcat mûr et responsable dont « la formation (...) a sa place dans les jeunes Églises comme élément essentiel et irremplaçable de l'implantation de l'Église » [153].

L'ACTIVITÉ DES CATÉCHISTES ET LA VARIÉTÉ DES MINISTÈRES

73. Parmi les laïcs qui deviennent évangélisateurs se trouvent au premier rang les catéchistes. Le décret sur les missions les décrit comme « cette armée qui a si magnifiquement mérité de l'œuvre des missions auprès des païens (...) ; pénétrés de l'esprit apostolique, (ils) apportent

153. Exhort. ap. post-synodale *Christifideles laici,* n. 35 : *l.c.,* p. 458.

par leurs labeurs considérables une aide singulière et absolument nécessaire à l'expansion de la foi et de l'Église »[154]. Ce n'est pas sans raison que les Églises de fondation ancienne, s'engageant dans une nouvelle évangélisation, ont multiplié les catéchistes et intensifié la catéchèse. « Ce sont les catéchistes en terre de mission qui portent par excellence ce titre de "catéchistes". (...) Des Églises aujourd'hui florissantes ne se seraient pas édifiées sans eux[155]. »

Malgré la multiplication des services ecclésiaux et extra-ecclésiaux, le ministère des catéchistes reste toujours nécessaire et a ses caractéristiques propres : les catéchistes sont des agents spécialisés, des témoins directs, des évangélisateurs irremplaçables, qui représentent la force de base des communautés chrétiennes, particulièrement dans les jeunes Églises, comme je l'ai souvent déclaré et constaté au cours de mes voyages missionnaires. Le nouveau Code de Droit canonique reconnaît leur tâche, leurs qualités, les exigences de leur fonction[156].

Mais on ne saurait oublier que le travail des catéchistes se complique de charges nouvelles et plus amples en raison des changements en cours dans les domaines ecclésial et culturel. Ce que suggérait déjà le Concile garde toute sa valeur aujourd'hui : une préparation doctrinale et pédagogique approfondie, un constant renouvellement spirituel et apostolique, la nécessité de « procurer un état de vie décent et la sécurité sociale » aux catéchistes[157]. Il est important également de favoriser la création et le développement d'écoles de formation pour catéchistes, qui, une fois approuvées par

154. CONC. ŒCUM. VAT. II, Décret sur l'activité missionnaire de l'Église *Ad gentes*, n. 17.
155. Exhort. ap. *Catechesi trandendae*, n. 66 : *l.c.*, p. 1331.
156. Cf. can. 785, § 1.
157. Décret sur l'activité missionnaire de l'Église *Ad gentes*, n. 17.

les Conférences épiscopales, confèrent des diplômes officiellement reconnus par ces dernières [158].

74. À côté des catéchistes, il faut rappeler les autres formes de service de la vie de l'Église et de la mission et les autres fonctions : animateurs de la prière, du chant et de la liturgie, chefs de communautés ecclésiales de base et de groupes bibliques ; responsables des œuvres de charité ; administrateurs des biens de l'Église ; dirigeants des divers groupes d'apostolat ; enseignants de religion dans les écoles. Tous les fidèles laïcs doivent consacrer à l'Église une partie de leur temps, en vivant d'une manière cohérente avec leur foi.

La Congrégation pour l'Évangélisation des Peuples et les autres structures de l'activité missionnaire

75. Les responsables et les agents de la pastorale missionnaire doivent se sentir unis dans la communion qui caractérise le Corps mystique. Le Christ a prié à cette intention à la dernière Cène : « Comme toi, Père, tu es en moi et moi en toi, qu'eux aussi soient en nous, afin que le monde croie que tu m'as envoyé » (*Jn* 17, 21). C'est dans cette communion que réside le fondement de la fécondité de la mission.

Mais l'Église est également une communion visible et organique et c'est pourquoi la mission requiert une union extérieure et ordonnée entre les diverses responsabilités et les diverses fonctions, de façon que tous les membres « dé-

158. Cf. Assemblée plénière de la S. Congrégation pour l'Évangélisation des Peuples, en 1969, sur les catéchistes et l'« Instruction » d'avril 1970 qui les concerne : *Bibliografia missionaria* 34 (1970), pp. 197-212, et *S.C. de Propaganda Fide Memoria Rerum,* III/2 (1976), pp. 821-831.

pensent leurs forces d'un même cœur pour la construction de l'Église »[159].

Il incombe au Dicastère missionnaire « de diriger et de coordonner dans le monde entier l'œuvre même de l'évangélisation des peuples et la coopération missionnaire, étant sauve la compétence de la Congrégation pour les Églises orientales »[160]. C'est donc par ce Dicastère que « doivent être suscités, et répartis selon les besoins les plus urgents des régions, les missionnaires. C'est par lui que doit être établi un plan rationnel d'action ; de lui que doivent provenir les normes directrices et les principes adoptés en vue de l'évangélisation ; par lui que doivent être données les impulsions »[161]. Je ne puis que confirmer ces sages dispositions : pour relancer la mission *ad gentes*, il faut le centre d'impulsion, de direction et de coordination qu'est la Congrégation pour l'Évangélisation. J'invite les Conférences épiscopales et leurs organismes, les supérieurs majeurs des Ordres, des Congrégations et des Instituts, les organismes de laïcs engagés dans l'activité missionnaire, à collaborer fidèlement avec cette Congrégation, qui a l'autorité nécessaire pour organiser et diriger l'activité et la coopération missionnaires au niveau universel.

Cette même Congrégation, qui a derrière elle une longue et glorieuse expérience, est appelée à jouer un rôle de première importance sur le plan de la réflexion et des programmes d'action dont l'Église a besoin pour se tourner de façon plus décisive vers la mission sous ses différentes formes. À cette fin, la Congrégation doit entretenir des rapports étroits avec les autres Dicastères du Saint-Siège,

---

159. CONC. ŒCUM. VAT. II, Décret sur l'activité missionnaire de l'Église *Ad gentes*, n. 28.

160. Const. ap. sur la Curie romaine *Pastor Bonus* (28 juin 1988), n. 85 : *AAS* 80 (1988), p. 881 ; cf. CONC. ŒCUM. VAT. II, Décret sur l'activité missionnaire de l'Église *Ad gentes*, n. 29.

161. CONC. ŒCUM. VAT. II, Décret sur l'activité missionnaire de l'Église *Ad gentes*, n. 29 ; cf. JEAN-PAUL II, Const. ap. *Pastor Bonus*, n. 86 : *l.c.*, p. 882.

avec les Églises particulières et avec les forces missionnaires. Selon une ecclésiologie de communion, toute l'Église est missionnaire, mais il se confirme aussi que des vocations et des institutions spécifiques pour le travail *ad gentes* sont toujours indispensables ; c'est pourquoi le rôle de direction et de coordination de ce Dicastère missionnaire reste très important afin que tous s'attaquent ensemble aux grandes questions d'intérêt commun, étant sauves les compétences propres de chaque autorité et de chaque structure.

76. Au niveau national et régional, les Conférences épiscopales et leurs divers regroupements revêtent une grande importance pour l'orientation et la coordination de l'activité missionnaire. Le Concile leur demande de « traiter en plein accord des questions les plus graves et des problèmes les plus urgents, sans négliger cependant les différences locales »[162], et de traiter aussi du problème de l'inculturation. Concrètement, il y a déjà une activité étendue et régulière dans ce domaine, et les fruits en sont visibles. Cette activité doit être intensifiée et mieux reliée à celle d'autres organismes des mêmes Conférences épiscopales, afin que la sollicitude missionnaire ne soit pas laissée à un secteur ou à un organisme donné mais qu'elle soit partagée par tous.

Ces organismes et les institutions qui se livrent à l'activité missionnaire prendront soin de coordonner les efforts et les initiatives. Les Conférences des supérieurs majeurs le feront pour ce qui les concerne, en relation avec les Conférences épiscopales, conformément aux indications et aux normes établies[163], en recourant aussi à des commissions mixtes[164]. Enfin, il est souhaitable qu'il y ait des

162. Décret sur l'activité missionnaire de l'Église *Ad gentes,* n. 31.

163. Cf. *Ibid.,* n. 33.

164. Cf. Paul VI, Motu proprio *Ecclesiae sanctae* (6 août 1966), II, n. 43 ; *AAS* 58 (1966), p. 782.

rencontres et des formes de collaboration entre les diverses institutions missionnaires, tant pour la formation et les études [165] que pour l'action apostolique à conduire.

165. Cf. CONC. ŒCUM. VAT. II, Décret sur l'activité missionnaire de l'Église *Ad gentes*, n. 34 ; PAUL VI, Motu proprio *Ecclesiae sanctae*, III, n. 22 : *l.c.*, p. 787.

Chapitre VII

LA COOPÉRATION A L'ACTIVITÉ MISSIONNAIRE

77. Membres de l'Église en vertu de leur baptême, tous les chétiens sont coresponsables de l'activité missionnaire. La participation des communautés et des fidèles à ce droit et à ce devoir est appelée « coopération missionnaire ».

Cette coopération s'enracine et se vit avant tout dans l'union personnelle au Christ : c'est seulement si l'on est uni à lui comme les sarments à la vigne (cf. *Jn* 15, 5) que l'on peut porter de bons fruits. La sainteté de la vie permet à tout chrétien d'être fécond dans la mission de l'Église : le Saint Concile invite « tous les chrétiens à une profonde rénovation intérieure, afin qu'ayant une conscience vive de leur propre responsabilité dans la diffusion de l'Évangile, ils assument leur part dans l'œuvre missionnaire auprès des païens »[166].

La participation à la mission universelle ne se réduit donc pas à quelques activités particulières mais elle est le signe de la maturité de la foi et d'une vie chrétienne qui porte du fruit. Ainsi, le croyant élargit les dimensions de sa charité, manifestant sa sollicitude pour ceux qui sont loin comme pour ceux qui sont près : il prie pour les missions et pour les vocations missionnaires, il aide les missionnaires, il suit

166. Conc. Œcum. Vat. II, Décret sur l'activité missionnaire de l'Église *Ad gentes*, n. 35 ; cf. *Code de Droit canonique*, can. 211, 781.

avec intérêt leur activité et, quand ils reviennent, il les accueille avec la même joie que celle avec laquelle les premières communautés chrétiennes écoutaient les Apôtres décrire les merveilles que Dieu avait accomplies par leur prédication (cf. *Ac* 14, 27).

PRIÈRE ET SACRIFICE POUR LES MISSIONNAIRES

78. Parmi les formes de participation, la première place revient à la coopération spirituelle : prière, sacrifice, témoignage de vie chrétienne. La prière doit accompagner les missionnaires dans leur marche afin que l'annonce de la Parole soit rendue efficace par la grâce divine. Saint Paul demande souvent dans ses *Lettres* que les fidèles prient pour lui afin qu'il lui soit accordé d'annoncer l'Évangile avec confiance et audace.

À la prière, il est nécessaire d'unir le sacrifice. La valeur salvifique de toute souffrance acceptée et offerte à Dieu avec amour découle du sacrifice du Christ, qui appelle les membres de son Corps mystique à s'associer à ses propres souffrances et à les compléter en leur chair (cf. *Col* 1, 24). Le sacrifice du missionnaire doit être partagé et soutenu par celui des fidèles. C'est pourquoi je recommande à ceux qui exercent leur ministère pastoral parmi les malades de leur apprendre la valeur de la souffrance et de les encourager à l'offrir à Dieu pour les missionnaires. Par cette offrande, les malades deviennent missionnaires eux aussi, comme le soulignent certains mouvements nés parmi eux et pour eux. La solennité de la Pentecôte – jour où commença la mission de l'Église – est célébrée dans certaines communautés comme la « journée de la souffrance pour les missions ».

« Me voici, Seigneur, je suis prêt.
Envoie-moi ! » (cf. *Is* 6, 8)

79. La coopération s'exprime également par la promotion des vocations missionnaires. À cet égard, il faut reconnaître la valeur des différentes formes d'engagement missionnaire, mais il faut en même temps réaffirmer *la priorité du don de soi total et perpétuel à l'œuvre des missions,* spécialement dans les Instituts et les Congrégations missionnaires d'hommes et de femmes. La promotion de ces vocations est au cœur de la coopération : l'annonce de l'Évangile requiert des annonciateurs, la moisson a besoin d'ouvriers, la mission se fait surtout avec des hommes et des femmes consacrés pour la vie à l'œuvre de l'Évangile, disposés à aller dans le monde entier pour porter le salut.

Je désire donc rappeler et recommander cette *sollicitude pour les vocations missionnaires.* Conscients de la responsabilité universelle qu'ont les chrétiens de contribuer à l'œuvre missionnaire et au développement des peuples pauvres, nous devons tous nous demander pourquoi, dans un certain nombre de pays, alors que s'accroissent les dons matériels, les vocations missionnaires risquent de disparaître, elles qui sont la vraie mesure du don de soi aux autres. Les vocations au sacerdoce et à la vie consacrée sont un signe certain de la vitalité d'une Église.

80. En pensant à ce grave problème, j'adresse mon appel avec une confiance et une affection particulières aux familles et aux jeunes. Que les familles, et surtout les parents, aient conscience qu'il leur faut apporter « une contribution particulière à la cause missionnaire de l'Église en cultivant les vocations missionnaires parmi leurs fils et leurs filles »[167].

Une vie de prière intense, un sens réel du service du

167. Exhort. ap. *Familiaris consortio,* n. 54 : *l.c.,* p. 147.

prochain et une participation généreuse aux activités ecclésiales créent dans les familles les conditions favorables à la vocation des jeunes. Lorsque les parents sont prêts à laisser un de leurs enfants partir en mission, lorsqu'ils ont demandé cette grâce au Seigneur, il les récompensera dans la joie le jour où un fils ou une fille entendra son appel.

Je demande aux jeunes eux-mêmes d'écouter la parole du Christ qui leur dit, de même qu'à Simon-Pierre et à André au bord du lac : « Venez à ma suite, et je vous ferai pêcheurs d'hommes » (*Mt* 4, 19). Qu'ils osent répondre, comme autrefois Isaïe : « Me voici, Seigneur, je suis prêt. Envoie-moi ! » (cf. *Is* 6, 8). Ils auront devant eux une vie fascinante ; ils connaîtront le bonheur vrai d'annoncer la Bonne Nouvelle à des frères et sœurs qu'ils entraîneront sur la route du salut.

« Il y a plus de bonheur à donner qu'à recevoir » (*Ac* 20, 35)

81. Les besoins matériels et économiques des missions sont nombreux, non seulement pour fonder l'Église avec un minimum de structures (chapelles, écoles de formation des catéchistes et des séminaristes, logements) mais aussi pour soutenir les œuvres de charité, d'éducation et de promotion humaine, champ d'action immense, spécialement dans les pays pauvres. L'Église missionnaire donne ce qu'elle reçoit, elle distribue aux pauvres ce que ses fils mieux pourvus de biens matériels mettent généreusement à sa disposition. Je voudrais ici remercier tous ceux qui donnent, en se sacrifiant, pour l'œuvre missionnaire : leurs privations et leur participation sont indispensables pour édifier l'Église et témoigner de la charité.

À propos de l'aide matérielle, il est important de voir avec quel esprit on donne. Et pour cela il faut réfléchir à son propre style de vie : les missions ne demandent pas seulement une aide mais aussi un partage pour l'annonce missionnaire et la charité envers les pauvres. Tout ce que nous avons reçu de Dieu – la vie comme les biens matériels – n'est pas à nous : cela est mis à notre disposition. La générosité avec laquelle on donne doit toujours être éclairée et inspirée par la foi ; alors, vraiment, il y a plus de bonheur à donner qu'à recevoir.

La *Journée mondiale des Missions,* destinée à sensibiliser les fidèles au problème missionnaire mais aussi à recueillir des fonds, est un rendez-vous important dans la vie de l'Église car elle enseigne comment donner : *dans* la célébration eucharistique, c'est-à-die comme offrande à Dieu, et *pour* toutes les missions du monde.

NOUVELLES FORMES DE COOPÉRATION MISSIONNAIRE

82. La coopération s'élargit aujourd'hui en prenant des *formes nouvelles,* qui comportent non seulement l'aide économique mais aussi la participation directe. Des *situations nouvelles* liées au phénomène de la mobilité exigent des chrétiens un authentique esprit missionnaire.

Le tourisme à caractère international est désormais un fait de masse. Il est positif si on le pratique dans une attitude respectueuse, en vue d'un mutuel enrichissement culturel, en évitant l'ostentation et le gaspillage, en cherchant les contacts humains. Mais aux chrétiens, il est demandé surtout d'avoir conscience qu'il leur faut toujours être témoins de la foi et de la charité du Christ. La connaissance directe de la vie missionnaire et des nouvelles communautés chrétiennes peut, elle aussi, enrichir et affermir la foi. Les visites que l'on rend aux missions sont une très bonne chose, surtout de la part des jeunes qui y vont pour servir et pour faire une forte expérience de vie chrétienne.

Les exigences du travail conduisent aujourd'hui de nombreux chrétiens de jeunes communautés dans des régions où le christianisme est inconnu, et parfois banni ou persécuté. Il en est de même pour les fidèles des pays d'ancienne tradition chrétienne qui travaillent temporairement dans des pays non chrétiens. Ces circonstances donnent évidemment l'occasion de vivre sa foi et d'en témoigner. Dans les premiers siècles, le christianisme s'est répandu surtout parce que les chrétiens qui voyageaient ou allaient s'établir dans des régions où le Christ n'avait pas été annoncé, y témoignaient de leur foi avec courage et y fondaient les premières communautés.

Plus nombreux encore sont les citoyens des pays de mission et les fidèles de religions non chrétiennes qui vont s'établir dans d'autres pays, pour des motifs d'études et de travail, ou bien contraints par la situation politique ou économique de leur lieu d'origine. La présence de ces frères dans les pays de chrétienté ancienne est pour les communautés ecclésiales un défi qui les incite à l'accueil, au dialogue, au service, au partage, au témoignage et à l'annonce directe. En pratique, même dans les pays chrétiens, se forment des groupes humains et culturels qui appellent la mission *ad gentes,* et les Églises locales, avec au besoin l'aide de personnes provenant des pays des immigrés et de missionnaires rentrés chez eux, doivent se pencher avec générosité sur ces situations.

La coopération peut aussi engager les responsables de la politique, de l'économie, de la culture, du journalisme, sans oublier également les experts des diverses Organisations internationales. Dans le monde moderne, il est de plus en plus difficile de tracer des lignes de démarcation géographiques ou culturelles : il y a une interdépendance croissante entre les peuples, et cela constitue un stimulant pour le témoignage chrétien et l'évangélisation.

Animation et formation missionnaires du Peuple de Dieu

83. La formation missionnaire est l'œuvre de l'Église locale avec l'aide des missionnaires et de leurs Instituts, ainsi que du personnel des jeunes Églises. Cette tâche doit être considérée non pas comme marginale mais comme centrale dans la vie chrétienne. Même pour la nouvelle évangélisation des peuples chrétiens, le thème missionnaire peut aider grandement : le témoignage des missionnaires conserve en effet son attrait même auprès de ceux qui sont loin et auprès des non-croyants, et il transmet des valeurs chrétiennes. Que les Églises locales utilisent donc l'animation missionnaire comme élément clé de leur pastorale courante dans les paroisses, les associations et les groupes, surtout de jeunes !

À cette fin servira avant tout l'information par la presse missionnaire et par les divers moyens audiovisuels. Leur rôle est d'une grande importance, car ils font connaître la vie de l'Église universelle ainsi que la voix et les expériences des missionnaires et des Églises locales où ils sont à l'œuvre. Il importe que dans les Églises plus jeunes, qui ne sont pas encore en mesure de se doter d'une presse ou d'autres instruments, les Instituts missionnaires consacrent le personnel et les moyens voulus à ces initiatives.

Sont appelés à donner cette formation les prêtres et leurs collaborateurs, les éducateurs et les enseignants, les théologiens, spécialement ceux qui enseignent dans les séminaires et dans les centres pour les laïcs. L'enseignement théologique ne peut ni ne doit ignorer la mission universelle de l'Église, l'œcuménisme, l'étude des grandes religions et de la missiologie. Je recommande que, surtout dans les séminaires et dans les maisons de formation pour religieux et religieuses, on se livre à une telle étude, en veillant aussi à ce que quelques prêtres ou quelques étudiants et étudiantes se spécialisent dans les divers secteurs des sciences missiologiques.

Les activités d'animation doivent toujours être orientées vers leurs fins spécifiques : informer et former le Peuple de Dieu en ce qui concerne la mission universelle de l'Église, faire naître des vocations *ad gentes,* susciter la coopération à l'évangélisation. Il ne faut pas donner une image réductrice de l'activité missionnaire, comme si elle consistait principalement à aider les pauvres, à contribuer à la libération des opprimés, à promouvoir le développement, à défendre les droits de l'homme. L'Église missionnaire est également engagée sur ces fronts, mais sa tâche principale est autre : les pauvres ont faim de Dieu, et pas seulement de pain et de liberté, et l'activité missionnaire doit avant tout témoigner du salut en Jésus Christ et annoncer ce salut, en fondant les Églises locales qui sont ensuite des instruments de libération, dans tous les sens du terme.

LA RESPONSABILITÉ PREMIÈRE DES ŒUVRES PONTIFICALES MISSIONNAIRES

84. Dans cette activité d'animation, la tâche première revient aux *Œuvres pontificales missionnaires,* comme je l'ai souvent affirmé dans les Messages pour la Journée mondiale des Missions. Les quatre Œuvres – Propagation de la foi, Saint-Pierre-Apôtre, Enfance missionnaire et Union missionnaire – ont un but commun : promouvoir l'esprit missionnaire universel au sein du Peuple de Dieu. L'Union missionnaire a comme fin immédiate et spécifique la sensibilisation et la formation missionnaires des prêtres, des reli-

gieux et des religieuses, qui doivent à leur tour assurer cette formation dans les communautés chrétiennes ; en outre, elle vise à promouvoir les autres Œuvres, dont elle est l'âme [168]. « Le mot d'ordre doit être celui-ci : Toutes les Églises pour la conversion du monde entier [169]. »

Œuvres du Pape et du Collège épiscopal, même au niveau des Églises particulières, elles occupent « à bon droit (...) la première place, puisqu'elles sont des moyens pour pénétrer les catholiques, dès leur enfance, d'un esprit vraiment universel et missionnaire, et pour provoquer une collecte efficace de subsides au profit de toutes les missions selon les besoins de chacune » [170]. Un autre but des Œuvres missionnaires est de susciter des vocations *ad gentes,* pour toute la vie, dans les Églises anciennes comme dans les plus jeunes. Je recommande vivement d'orienter toujours davantage leur service d'animation vers cette fin.

Dans l'exercice de leur activité, ces Œuvres dépendent au niveau universel, de la Congrégation pour l'Évangélisation et, au niveau local, de la Conférence épiscopale et des évêques des Églises particulières, en collaboration avec les centres d'animation existants : elles apportent au monde catholique l'esprit d'universalité et de service de la mission sans lequel il n'y a pas de coopération authentique.

NON SEULEMENT DONNER À LA MISSION, MAIS AUSSI RECEVOIR

85. Coopérer à la mission veut dire non seulement donner, mais aussi savoir recevoir. Toutes les Églises particulières,

168. Cf. PAUL VI, Lettre ap. *Graves et increscentes* (5 septembre 1966) : *AAS* 58 (1966), pp. 750-756.
169. P. MANNA, *Le nostre « Chiese » et la propagazione del Vangelo,* Trentola Ducenta, 1952², p. 35.
170. CONC. ŒCUM. VAT. II, Décret sur l'activité missionnaire de l'Église *Ad gentes,* n. 38.

jeunes et anciennes, sont appelées à donner et à recevoir pour la mission universelle, et aucune ne doit se refermer sur elle-même. « En vertu de cette catholicité – dit le Concile –, chacune des parties apporte aux autres et à l'Église tout entière le bénéfice de ses propres dons, en sorte que le tout et chacune des parties s'accroissent par un échange mutuel universel et par un effort commun vers la plénitude dans l'unité. (...) De là, entre les diverses parties de l'Église, des liens de communion intime quant aux richesses spirituelles, aux ouvriers apostoliques et aux ressources matérielles [171]. »

J'exhorte toutes les Églises et les pasteurs, les prêtres, les religieux et les fidèles *à s'ouvrir à l'universalité de l'Église,* écartant toutes les formes de particularisme, d'exclusivisme ou de sentiment d'auto-suffisance. Les Églises locales, tout en étant enracinées dans leur peuple et dans leur culture, doivent maintenir concrètement ce sens de l'universalité de la foi, en offrant aux autres Églises et en recevant d'elles dons spirituels, expériences pastorales de première annonce et d'évangélisation, personnel apostolique et moyens matériels.

En effet, la tendance à se refermer peut être forte : les Églises anciennes, engagées dans la nouvelle évangélisation, pensent qu'elles doivent maintenant mener la mission chez elles, et elles risquent d'affaiblir l'élan vers le monde non chrétien, admettant de mauvaise grâce les vocations en faveur des Instituts missionnaires, des Congrégations religieuses ou des autres Églises. C'est au contraire en donnant généreusement de notre bien que nous recevrons ; déjà aujourd'hui les jeunes Églises, dont bon nombre connaissent une prodigieuse floraison de vocations, sont en mesure d'envoyer des prêtres, des religieux et des religieuses aux plus anciennes. D'autre part, les jeunes Églises ressentent le

171. Const. dogm. sur l'Église *Lumen gentium,* n. 13.

problème de leur identité, de l'inculturation, de la liberté de croître en dehors de toute influence extérieure, avec comme conséquence possible de fermer la porte aux missionnaires. À ces Églises, je dis : loin de vous isoler, accueillez volontiers les missionnaires et l'aide des autres Églises, et envoyez-en vous-mêmes dans le monde ! C'est précisément en raison des problèmes qui vous préoccupent que vous avez besoin de rester en relations constantes avec vos frères et sœurs dans la foi. Par tout moyen légitime, faites valoir les libertés auxquelles vous avez droit, en vous souvenant que les disciples du Christ ont le devoir d'« obéir à Dieu plutôt qu'aux hommes » (*Ac* 5, 29).

Dieu prépare un nouveau printemps de l'Évangile

86. Si l'on regarde superficiellement notre monde, on est frappé par bien des faits négatifs qui peuvent porter au pessimisme. Mais c'est là un sentiment injustifié : nous avons foi en Dieu, Père et Seigneur, en sa bonté et en sa miséricorde. Alors que nous sommes proches du troisième millénaire de la Rédemption, Dieu est en train de préparer pour le christianisme un grand printemps que l'on voit déjà poindre. En effet, que ce soit dans le monde non chrétien ou dans le monde de chrétienté ancienne, les peuples ont tendance à se rapprocher progressivement des idéaux et des valeurs évangéliques, tendance que l'Église s'efforce de favoriser. Aujourd'hui se manifeste parmi les peuples une nouvelle convergence à l'égard de ces valeurs : le refus de la violence et de la guerre, le respect de la personne humaine et de ses droits, la soif de liberté, de justice et de fraternité, la tendance à surmonter les racismes et les nationalismes, l'affirmation de la dignité de la femme et sa valorisation.

L'espérance chrétienne nous soutient pour nous engager

à fond dans la nouvelle évangélisation et dans la mission universelle, et nous pousse à prier comme Jésus nous l'a enseigné : « Que ton Règne vienne, que ta Volonté soit faite sur la terre comme au ciel » (*Mt* 6, 10).

Les hommes qui attendent le Christ sont encore en nombre incalculable : les espaces humains et culturels non encore atteints par l'annonce de l'Évangile ou dans lesquels l'Église est peu présente sont extrêmement vastes, au point d'exiger l'unité de toutes ses forces. En se préparant à célébrer le jubilé de l'an deux mille, toute l'Église est encore plus engagée dans un nouvel Avent missionnaire. Nous devons entretenir en nous la passion apostolique de transmettre à d'autres la lumière et la joie de la foi, et nous devons former à cet idéal tout le Peuple de Dieu.

Nous ne pouvons pas avoir l'esprit tranquille en pensant aux millions de nos frères et sœurs, rachetés eux aussi par le sang du Christ, qui vivent dans l'ignorance de l'amour de Dieu. Pour le chrétien individuel comme pour l'Église entière, la cause missionnaire doit avoir la première place, car elle concerne le destin éternel des hommes et répond au dessein mystérieux et miséricordieux de Dieu.

CHAPITRE VIII

LA SPIRITUALITÉ MISSIONNAIRE

87. L'activité missionnaire exige une spiritualité spécifique qui concerne en particulier ceux que Dieu a appelés à être missionnaires.

SE LAISSER CONDUIRE PAR L'ESPRIT

Cette spiritualité s'exprime avant tout par le fait de vivre en pleine docilité à l'Esprit, docilité qui engage à se laisser former intérieurement par lui afin de devenir toujours plus conforme au Christ. On ne peut témoigner du Christ sans refléter son image, qui est rendue vivante en nous par la grâce et par l'action de l'Esprit. La docilité à l'Esprit engage par ailleurs à accueillir ses dons de courage et de discernement, qui sont des traits essentiels de la spiritualité missionnaire.

Le cas des Apôtres est exemplaire, eux qui durant la vie publique du Maître, malgré leur amour pour lui et la générosité de leur réponse à son appel, se montrent incapables de comprendre ses paroles et réticents à le suivre sur la voie de la souffrance et de l'humiliation. L'Esprit les transformera en témoins courageux du Christ et en annonciateurs éclairés de sa Parole. C'est l'Esprit qui les conduira sur les chemins ardus et nouveaux de la mission.

Aujourd'hui comme hier, la mission reste difficile et

complexe ; aujourd'hui comme hier, elle requiert le courage et la lumière de l'Esprit. Nous vivons souvent le drame de la première communauté chrétienne, qui voyait des foules incrédules et hostiles « se rassembler de concert contre le Seigneur et contre son Oint » (*Ac* 4, 26). Comme hier, il faut prier pour que Dieu nous donne l'audace de proclamer l'Évangile ; il faut scruter les voies mystérieuses de l'Esprit, et se laisser conduire par lui à toute la vérité (cf. *Jn* 16, 13).

Vivre le mystère du Christ « envoyé »

88. La communion intime avec le Christ est un élément essentiel de la spiritualité missionnaire : on ne peut comprendre ni vivre la mission qu'en se référant au Christ comme à celui qui a été envoyé pour évangéliser. Paul en décrit les comportements : « Ayez entre vous les mêmes sentiments qui sont dans le Christ Jésus : Lui, de condition divine, ne retint pas jalousement le rang qui l'égalait à Dieu. Mais il s'anéantit lui-même, prenant condition d'esclave et devenant semblable aux hommes. S'étant comporté comme un homme, il s'humilia plus encore, obéissant jusqu'à la mort, et à la mort sur une croix » (*Ph* 2, 5-8).

Ici se trouve décrit le mystère de l'Incarnation et de la Rédemption comme dépouillement total de soi qui amène le Christ à vivre pleinement la condition humaine et à adhérer jusqu'au bout au dessein du Père. Il s'agit d'un anéantissement qui est toutefois empreint d'amour et qui exprime l'amour. La mission parcourt ce même chemin et a son aboutissement au pied de la Croix.

Il est demandé au missionnaire de « renoncer à lui-même et à tout ce qu'il a possédé jusque-là, et de se faire tout à tous »[172], dans la pauvreté qui le rend libre pour l'Évangile,

172. Conc. œcum. Vat. II, Décret sur l'activité missionnaire de l'Église *Ad gentes*, n. 24.

dans le détachement des personnes et des biens de son milieu pour se faire le frère de ceux à qui il est envoyé et leur apporter le Christ sauveur. C'est à cela que tend la spiritualité du missionnaire : « Je me suis fait faible avec les faibles... Je me suis fait tout à tous, afin d'en sauver à tout prix quelques-uns. Et tout cela, je le fais à cause de l'Évangile... » (1 *Co* 9, 22-23).

Précisément parce qu'il est « envoyé », le missionnaire expérimente la présence réconfortante du Christ qui l'accompagne à tout instant de sa vie : « N'aie pas peur... car je suis avec toi » (*Ac* 18, 9-10), et il l'attend au cœur de tout homme et de tout peuple.

Aimer l'Église et les hommes comme Jésus les a aimés

89. La spiritualité missionnaire est caractérisée également par la charité apostolique, celle du Christ venu « afin de rassembler dans l'unité les enfants de Dieu dispersés » (*Jn* 11, 52), du Bon Pasteur qui connaît ses brebis, qui les cherche et qui offre sa vie pour elles (*Jn* 10). Celui qui a l'esprit missionnaire éprouve le même amour que le Christ pour les âmes et aime l'Église comme le Christ.

Le missionnaire est poussé par le « zèle pour les âmes », qui s'inspire de la charité même du Christ, faite d'attention, de tendresse, de compassion, d'accueil, de disponibilité, d'intérêt pour les problèmes d'autrui. L'amour de Jésus pénètre en profondeur : lui qui « connaissait ce qu'il y avait dans l'homme » (*Jn* 2, 25), aimait tous les hommes en leur offrant la rédemption et souffrait quand on refusait le salut.

Le missionnaire est l'homme de la charité : pour pouvoir annoncer à chacun de ses frères qu'il est aimé de Dieu et qu'il peut lui-même aimer, il doit faire preuve de charité envers tous, dépensant sa vie pour son prochain. Le missionnaire est le « frère universel », il porte en lui l'esprit de l'Église, son ouverture et son intérêt envers tous les peuples et tous les hommes, spécialement les plus petits et les plus pauvres. Comme tel, il dépasse les frontières et les divisions de race, de caste ou d'idéologie : il est signe de l'amour de Dieu dans le monde, c'est-à-dire de l'amour sans aucune exclusion ni préférence.

Enfin, comme le Christ, il doit aimer l'Église : « Le Christ a aimé l'Église : il s'est livré pour elle » (*Ep* 5, 25). Cet amour, qui va jusqu'au don de la vie, est pour lui un point de repère. Seul un prodond amour pour l'Église peut soutenir le zèle du missionnaire ; son obsession quotidienne est – comme le dit saint Paul – « le souci de toutes les Églises » (2 *Co* 11, 28). Pour tout missionnaire, « la fidélité au Christ est inséparable de la fidélité à son Église »[173].

LE VÉRITABLE MISSIONNAIRE, C'EST LE SAINT

90. L'appel à la mission découle par nature de l'appel à la sainteté. Tout missionnaire n'est authentiquement missionnaire que s'il s'engage sur la voie de la sainteté : « La sainteté est un fondement essentiel et une condition absolument irremplaçable pour l'accomplissement de la mission de salut de l'Église[174]. »

La vocation universelle à la sainteté est étroitement liée à *la vocation universelle à la mission :* tout fidèle est appelé à la sainteté et à la mission. Ainsi, le Concile souhaitait ardemment, « en annonçant à toutes les créatures la bonne nouvelle de l'Évangile, répandre sur tous les hommes la clarté

173. CONC. ŒCUM. VAT. II, Décret sur le ministère et la vie des prêtres *Presbyterorum ordinis*, n. 14.
174. Exhort. ap. post-synodale *Christifideles laici*, n. 17 : *l.c.*, p. 419.

du Christ qui resplendit sur le visage de l'Église »[175]. La spiritualité missionnaire de l'Église est un chemin vers la sainteté.

L'élan renouvelé vers la mission *ad gentes* demande de saints missionnaires. Il ne suffit pas de renouveler les méthodes pastorales, ni de mieux organiser et de mieux coordonner les forces de l'Église, ni d'explorer avec plus d'acuité les fondements bibliques et théologiques de la foi : il faut susciter un nouvel « élan de sainteté » chez les missionnaires et dans toute la communauté chrétienne, en particulier chez ceux qui sont les plus proches collaborateurs des missionnaires[176].

Rappelons-nous, chers Frères et Sœurs, l'élan missionnaire des premières communautés chrétiennes. Malgré la pauvreté des moyens de transport et de communication d'alors, l'annonce de l'Évangile a atteint en peu de temps les limites du monde. Et il s'agissait de la religion d'un Homme mort en croix, « scandale pour les Juifs et folie pour les païens » (1 *Co* 1, 23) ! À la base de ce dynamisme missionnaire, il y avait la sainteté des premiers chrétiens et des premières communautés.

91. C'est pourquoi je m'adresse aux baptisés des jeunes communautés et des jeunes Églises. C'est vous qui êtes, aujourd'hui, l'espérance de notre Église, qui a deux mille ans : étant jeunes dans la foi, vous devez être comme les premiers chrétiens et rayonner l'enthousiasme et le courage, en vous donnant généreusement à Dieu et au prochain ; en un mot, vous devez vous mettre sur la voie de la sainteté. Ce n'est qu'ainsi que vous pouvez être des signes de Dieu dans

---

175. Const. dogm. sur l'Église *Lumen gentium,* n. 1.

176. Cf. *Discours* à l'Assemblée du CELAM à Port-au-Prince, 9 mars 1983 : *AAS* 75 (1983), pp. 771-779 ; *Homélie* pour l'ouverture de la « neuvaine d'années » promue par le CELAM à Saint-Domingue, 12 octobre 1984 : *Insegnamenti* VII/2 (1984), pp. 885-897.

le monde, et revivre dans vos pays l'épopée missionnaire de l'Église primitive. Vous serez aussi des ferments d'esprit missionnaire pour les Églises plus anciennes.

Que les missionnaires, de leur côté, réfléchissent sur le devoir de la sainteté que le don de la vocation leur demande, en se renouvelant de jour en jour par une transformation spirituelle et en mettant à jour continuellement leur formation doctrinale et pastorale. Le missionnaire doit être « un contemplatif en action ». La réponse aux problèmes, il la trouve à la lumière de la parole divine et dans la prière personnelle et communautaire. Le contact avec les représentants des traditions spirituelles non chrétiennes, en particulier celles de l'Asie, m'a confirmé que l'avenir de la mission dépend en grande partie de la contemplation. Le missionnaire, s'il n'est pas un contemplatif, ne peut annoncer le Christ d'une manière crédible ; il est témoin de l'expérience de Dieu et doit pouvoir dire comme les Apôtres : « Ce que nous avons contemplé..., le Verbe de vie..., nous vous l'annonçons » (*1 Jn* 1, 1-3).

Le missionnaire est l'homme des Béatitudes. Avant de les envoyer évangéliser, Jésus instruit les Douze en leur montrant les voies de la mission : pauvreté, douceur, acceptation des souffrances et des persécutions, désir de justice et de paix, charité, c'est-à-dire précisément les Béatitudes, réalisées dans la vie apostolique (cf. *Mt* 5, 1-12). En vivant les Béatitudes, le missionnaire expérimente et montre concrètement que le Règne de Dieu est déjà venu et qu'il l'a déjà accueilli. La caractéristique de toute vie missionnaire authentique est la joie intérieure qui vient de la foi. Dans un monde angoissé et oppressé par tant de problèmes, qui est porté au pessimisme, celui qui annonce la Bonne Nouvelle doit être un homme qui a trouvé dans le Christ la véritable espérance.

CONCLUSION

92. L'Église n'a jamais eu autant que maintenant l'occasion de faire parvenir l'Évangile par le témoignage et la parole, à tous les hommes comme à tous les peuples. Je vois se lever l'aube d'une nouvelle ère missionnaire qui deviendra un jour radieux et riche de fruits si tous les chrétiens, et en particulier les missionnaires et les jeunes Églises, répondent avec générosité et sainteté aux appels et aux défis de notre temps.

Comme les Apôtres après l'Ascension du Christ, l'Église doit se réunir au Cénacle « avec Marie, Mère de Jésus » (*Ac* 1, 14), afin d'implorer l'Esprit et d'obtenir force et courage pour obéir au précepte missionnaire. Nous aussi, et bien plus que les Apôtres, nous avons besoin d'être transformés et guidés par l'Esprit.

À la veille du troisième millénaire, toute l'Église est invitée à vivre plus intensément le mystère du Christ, en collaborant dans l'action de grâce à l'œuvre du salut. Elle le fait avec Marie et comme Marie, sa mère et son modèle. Marie est le modèle de l'amour maternel dont doivent être animés tous ceux qui, associés à la mission apostolique de l'Église, travaillent à la régénération des hommes. C'est pourquoi, « soutenue par la présence du Christ (...), l'Église marche au cours du temps vers la consommation des siècles et va à la rencontre du Seigneur qui vient ; mais sur ce chemin (...), elle progresse en suivant *l'itinéraire* accompli par la Vierge Marie »[177].

C'est à la « médiation de Marie, tout orientée vers le Christ et tendue vers la révélation de sa puissance salvifique »[178], que je confie l'Église et en particulier ceux qui se consacrent à la mise en œuvre du précepte missionnaire dans le monde d'aujourd'hui. De même que le Christ envoya ses Apôtres au nom du Père, du Fils et de l'Esprit Saint, ainsi, renouvelant le même commandement, je vous envoie à tous ma Bénédiction apostolique au nom de la Trinité Sainte. Amen.

Donné à Rome, près de Saint-Pierre, le 7 décembre 1990, XXVe anniversaire du Décret conciliaire *Ad gentes,* en la treizième année de mon pontificat.

177. Encycl. *Redemptoris Mater* (25 mars 1987), n. 2 : *AAS* 79 (1987), pp. 362-363.

178. *Ibid.,* n. 22 : *l.c.* p. 390.

TABLE

CHAPITRE IV
LES HORIZONS IMMENSES DE LA MISSION *AD GENTES*

CHAPITRE V
LES VOIES DE LA MISSION

CHAPITRE VI
LES RESPONSABLES ET LES AGENTS DE LA PASTORALE MISSIONNAIRE

CHAPITRE VII
LA COOPÉRATION À L'ACTIVITÉ MISSIONNAIRE

CHAPITRE VIII
LA SPIRITUALITÉ MISSIONNAIRE

Aux Éditions du Cerf

DOCUMENTS DES ÉGLISES

JEAN-PAUL II, **Le Rédempteur de l'homme,** introduction V. Cosmao, 156 p.
JEAN-PAUL II, **Dieu riche en miséricorde,** introduction B. Bro, 120 p.
JEAN-PAUL II, **Le Travail humain,** introduction M.-D. Chenu, 106 p.
JEAN-PAUL II, **Les Tâches de la famille chrétienne,** introduction F. Refoulé, 186 p.
JEAN-PAUL II, **Le Sens chrétien de la souffrance humaine,** introduction A.-M. Carré, 86 p.
JEAN-PAUL II, **Aux religieux et aux religieuses,** introduction J.-R. Bouchet, 64 p.
JEAN-PAUL II, **La Réconciliation et la pénitence dans la mission de l'Église aujourd'hui,** introduction S. Rougier, 148 p.
JEAN-PAUL II, **L'esprit Saint,** introduction d'Y. Congar, 160 p.
JEAN-PAUL II, **La Mère du Rédempteur,** présentation par Y. Congar, 88 p.
JEAN-PAUL II, **La Question sociale,** introduction de V. Cosmao, 94 p.
JEAN-PAUL II, **La dignité et la vocation de la femme,** introduction de L. Bouyer, 112 p.
JEAN-PAUL II, **Les fidèles laïcs,** introduction d'Y. Congar, 192 p.
JEAN-PAUL II, **Appelé à veiller, Saint Joseph,** introduction de Bernard Sesboüé, s.j.
JEAN-PAUL II, **Le Renouveau de la liturgie,** introduction de Ph. Béguoire, 46 p.
JEAN-PAUL II, **Mission du Christ rédempteur,** présentation par Cl. Geffré, 144 p.
Synode extraordinaire. Célébration de Vatican II, 680 p.
Synode des Évêques (Rome, 1987), Les Laïcs dans l'Église et dans le monde, préface du Cardinal Decourtray, 280 p.
Synode des Évêques, La Formation des prêtres (Centurion, 1990), 96 p.
Charte des droits de la famille. Présentée par le Saint-Siège, 22 p.
Jalons pour l'Unité. Rapport de la commission anglicane-catholique romaine, collectif, 144 p.
Les Églises devant le judaïsme, B. Dupuy, M.-T. Hoch, 432 p.
Orientations pour un dialogue entre chrétiens et musulmans, M. Borrmans, 192 p.
Nouveaux jalons pour l'Unité, J. Desseaux, 66 p.
Bible et Christologie, Commission biblique pontificale, 294 p.
Les Églises contre la bombe ? Les Églises chrétiennes et les armements nucléaires, documents présentés par B. Quelquejeu et F. Vaillant, 208 p.
Au service de l'homme. Une approche éthique de l'endettement international. Commission biblique pontificale « Justice et Paix », 95 p.

Le Don de la vie. Instruction sur le respect de la vie humaine naissante et la dignité de la procréation. Réponses à quelques questions d'actualité. Congrégation pour la Doctrine de la Foi, 58 p. + présentation.

L'Église face au racisme,, présentation de X. Thévenot s.d.b., 80 p.

Les Anathèmes du XVIe siècle sont-ils encore actuels ? Propositions soumises aux Églises catholique, luthérienne et réformée en Allemagne, trad. de l'allemand par P. Jundt et J. Hoffmann, 304 p.

La Vocation ecclésiale du théologien, Congrégation pour la Doctrine de la Foi, 48 p.

La Formation dans les instituts religieux. Directives de la Congrégation pour les instituts de vie consacrée et les sociétés de vie apostolique, 80 p.

Achevé d'imprimer le 25 janvier 1991
dans les ateliers de Normandie Impression S.A.
à Alençon (Orne)
N° imprimeur : I1-0140
N° éditeur : 9167
Dépôt légal : janvier 1991